POLYGLOTT on tour

Nicola Förg

Österreich

Top 12

besonderer Tipp

Warnung

Info

Hinweis

Restaurant

Unterkunft

Nightlife

Shopping

Literatur

POLYGLOTT-Top 12 Umschlagklappe vorne

Allgemeines

Städtebeschreibungen

Wien bleibt Wien – denkt, wer Österreichs Metropole von außen betrachtet. Doch weit gefehlt: Die Moderne hat längst ihren Platz neben der Melancholie.

Touren

Das Alpenland wartet mit Festspielen und Festivals für jeden Geschmack auf. Termine und Informationen findet man unter www.austria-tourism.at.

Der Theaterdirektor Max Reinhardt wollte eigentlich nur die arbeitslose Zeit der Schauspieler und Sänger im Sommer überbrücken, dann wurde daraus eines der renommiertesten Festivals der Welt: die Salzburger Festspiele. Am 22. August 1920 erklangen auf dem Platz vor dem Salzburger Dom erstmals die berühmten Jedermann-Rufe, mit denen der Lebemann vor Gottes Richterstuhl gerufen wird.

Wenn **Jedermann** in Mörbisch Walzer **tanzt**

Kartenbüro der Salzburger Festspiele, Tel. 06 62/80 45-579, Fax 80 45-760, www.salzburgfestival.at.
Bregenzer Festspiele, Platz der Wiener Symphoniker, 6900 Bregenz, Tel. 0 55 74/40 7-0, www.bregenzer festspiele.at.

Die Klassiker: Salzburg und Bregenz

Die ersten Festspiele Salzburgs wurden 1920 mit dem »Jedermann« eröffnet – das Stück ist bis heute einer der Höhepunkte der Festspiele, die alljährlich von Mitte Juli bis Ende August stattfinden. Daneben stehen auch Opern, Operetten, Konzerte, Theateraufführungen und Tanztheater auf dem Programm.

Auf der beeindruckenden Seebühne im Bodensee werden bei den Bregenzer Festspielen nicht nur große Opern aufgeführt, sondern auch Operetten oder Musicals wie die »West Side Story«. Konzerte gibt es parallel dazu im Konzerthaus.

Seefestspiele Mörbisch, 7700 Eisenstadt, Schloss Esterhazy, Tel. 0 26 82/6 62 10, Fax 6 62 10 14, www.seefestspiele-moerbisch.at.
Bundestheater-Vorverkauf, Wien, Tel. 01/5 13 15 13, www.culturall.at.

Walzer von Mörbisch bis Wien

Die Operetten- und Walzerwelt von Franz Lehar oder Johann Strauß steht bei den Operettenfestspielen in Mörbisch im Mittelpunkt. Auf der Bühne im Neusiedlersee widmet man sich im Juli und August der leichten Muse, wie Intendant Harald Serafin sagt: »Schöne Stimmen, attraktive Darsteller und eine gute Mischung aus ernsthafter Operette und Schauvergnügen« sollen es sein.

Natürlich steht auch die Walzerstadt Wien im Zeichen der Musik: Johann Strauß ist der Schirmherr der Ballsaison im Januar und Februar, Bühnen wie die Volksoper widmen sich ganzjährig der Operette.

Jazz am Steinernen Meer und Rock in der Wiese

Vor rund 30 Jahren entschlossen sich ein paar Jazzfans in der Salzburger Provinz, die Musik zu sich nach Saalfelden zu holen. Das Jazzfestival in Saalfelden war geboren und brachte dem Ort sogar die Bezeichnung »Jazzfelden am Steinernen Meer« ein. Das Festival Ende August gehört inzwischen zu den bekanntesten Veranstaltungen für zeitgenössischen Jazz in Europa.

Auch Wiesen im Burgenland startete als Veranstaltungsort eines Jazzfestivals (Juli), inzwischen finden aber auch Freunde des Reggae beim Reggae-Sunsplash (August) und Alternative-Rock-Fans beim Forestglade-Festival (Juli) ihre Musik.

Tanztheater und Klangspuren

In der oberösterreichischesn Bruckner-Stadt Linz treffen sich jedes Jahr im September die Liebhaber der Elektronischen Musik bei der Ars Electronica.

Im Juni und Juli ist der Innsbrucker Tanzsommer Schauplatz von Aufführungen der bekanntesten Tanzformationen der Welt.

Jedes Jahr im September führen in Schwaz (Tirol) die Klangspuren mit Aufführungen und Workshops in die zeitgenössische Musik ein.

Zentrum Zeitgenössischer Musik, Kulturzentrum Nexus, Saalfelden, Tel. 0 65 82/7 49 63, www.jazzsaalfelden.at.
Festivals in Wiesen, Tel. 0 26 26/8 16 48, www.wiesen.at.
Wien Tourismus, Tel. 01/2 11 14-222, www.info.wien.at.

Gratiskonzerte von den Simple Minds und DJ Bobo und vor allem Partystimmung gibt's jedes Jahr in Wien beim Donauinselfest (Ende Juni).

Ars Electronica, Linz, Tel. 07 32/72 72-0, www.aec.at.
Innsbrucker Tanzsommer, Tel. 05 12/57 76 77 17, www.tanzsommer.at.
Klangspuren, Schwaz, Tel. 0 52 42/7 35 82, www.klangspuren.at.

Wasserwelten und Wohlfühloasen

Vitalwelt Hausruck,
Kurpromenade 1,
4701 Bad Schallerbach,
Tel. 0 72 49/4 20 71 14,
Fax 4 20 71 13,
www.vitalwelt.at.

Therme Geinberg,
Thermenplatz 1,
4943 Geinberg,
Tel. 0 77 23/85 00-0,
Fax 85 00-99 9,
www.therme-geinberg.at.

Hotel Therme Geinberg,
Thermenallee 1,
4943 Geinberg,
Tel. 0 77 23/85 01-0,
Fax 85 01-999,
www.therme-geinberg.at.
Hotelgäste können ab 7 Uhr in der Therme schwimmen. ○○○

Wellness war in Österreich schon vor über hundert Jahren modern – auch wenn es damals Kuren hieß und nur die reichen Bürger und Adeligen in die Bäder der Donaumonarchie reisten. Einige dieser Kurorte bieten inzwischen neben heilendem Wasser auch ganzheitliche Medizin und Massagen, Schönheitsbehandlungen und Yoga an – das zumindest gab's zu Sisis Zeiten noch nicht.

Heiße Quellen im Alpenvorland

Zu Füßen der Alpen sprudelt das Wasser besonders heilkräftig aus dem Felsen: Bad Schallerbach im oberösterreichischen Hausruck ist bekannt für sein Schwefelwasser, das bei Rheuma und Arthritis Linderung bringen soll.
Das weitläufige Erlebnisbad der niederösterreichischen Therme Geinberg mit 38 °C warmem Wasser und einem großen Wellnessbereich wird auch gerne von Tagestouristen aus Linz oder Salzburg besucht.

Das Kaiserbad im Gasteinertal

Zwanzigmal war hier der deutsche Kaiser Wilhelm I. zur Kur, auch heute noch ist Bad Hofgastein ein Treffpunkt der High Society. Das radonhaltige Wasser tritt mit 45 °C aus dem Felsen und muss für Wannenbäder, Unterwassertherapien oder Inhalationen auf Badetemperatur abgekühlt werden. Während man im Felsenbad in Bad Gastein oder im Thermentempel in Bad Hofgastein auf das Edelgas Radon, das den Stoffwechsel der Zellen anregt und die körpereigene Abwehrkraft steigert, verzichten muss, kann es im Gasteiner Heilstollen voll wirken. Dazu kommen in dieser Kureinrichtung in einem ehemaligen Bergwerkstollen 41,5 °C Temperatur und eine Luftfeuchtigkeit von annähernd 100 %.

Wein und Wellness

Rundherum auf den Hügeln der steirischen Toskana gedeihen die Weintrauben bestens. Aufgrund seiner vielen Heilquellen heißt der südliche Teil des Landes aber auch Thermenland. Der Künstler Friedensreich Hundertwasser gestaltete hier z. B. fantasievoll mit Türmchen und Rundbögen die Therme Bad Blumau – dank eines Abenteuerclubs vor allem für Familien ein Genuss. Die Therme des Ökoortes Bad Waltersdorf hilft mit ihren heißen Quellen bei Rheuma und Gelenkleiden.

Die Burgenland Therme in Bad Tatzmannsdorf verspricht vor allem Linderung bei Rückenleiden; für Entspannung sorgt dazu ein Glas dunkelroter Blaufränkischer.

▌**Rogner Bad Blumau,** Hotel & Spa, 8283 Bad Blumau 100, Tel. 0 33 83/51 00-0, Fax 51 00-808, www.blumau.com.

▌**Therme Bad Waltersdorf,** 8271 Bad Waltersdorf, Tel. 0 33 33/31 50-0, www.heiltherme.at.

▌**Burgenland Therme,** 7431 Bad Tatzmannsdorf, Tel. 0 33 53/89 90 0, Fax 89 90-25, www.burgenlandtherme.at.

▌**Hotel-Landhaus Pannonia,** 7431 Bad Tatzmannsdorf, Tel. 0 33 53/82 48, Fax 82 48 30. Gepflegtes Hotel direkt neben dem Kurpark. OO

▌**Gasteinertal Tourismus,** Tauernplatz 1, 5630 Bad Hofgastein, Tel. 0 64 32/33 93, Fax 33 93-20, www.gastein.com.

▌**Kur-Sport-Hotel Astoria,** Salzburger Str. 24, 5630 Bad Hofgastein, Tel. 0 64 32/62 77-0, Fax 62 77-77, www.kursporthotel-astoria.com. Vitalzentrum mit Thermal-Hallenbad, das Blüten- und Schönheitsbäder und Aromatherapie anbietet. OOO

▌**Gasteiner Heilstollen,** Heilstollenstr. 19, 5645 Böckstein, Tel. 0 64 34/37 53-0, Fax 37 53-66, www.gasteiner-heilstollen.com.

Radler willkommen

Infos, Literaturtipps und Karten:

- www.tauernradweg.at
- www.mur-radweg.at
- bikeline Radtourenbücher und Radkarten, Verlag Esterbauer, Rodingersdorf.
- Bike-Erlebnis Salzkammergut, Dachstein-Tauern-Region. Styria 1999.
- Radatlas Österreich und Donau-Radweg, Esterbauer/ILH, Stuttgart.

Österreich ist ein Radfahrerland

Parallel fast zu jeder Bundesstraße führt auch ein Radweg, viele Berge sind ebenfalls mit dem Bike zu erklimmen. Am schönsten sind wohl die Routen entlang der großen Flüsse, auf denen man fast ganz Österreich kennen lernen kann.

Immer am Fluss entlang

Entlang der **Donau** zieht sich auf einer Länge von 300 Kilometern der Donauradweg Passau–Pressburg. Gern befahren ist die Strecke von Passau bis Wien, am idyllischsten der Abschnitt durch die Wachau.

Auch der **Inn,** der Hauptfluss Tirols, besitzt an seinen Ufern einen Radwanderweg, der sich von Landeck bis Kufstein erstreckt. Dabei streift man die zauberhaften Städte Innsbruck, Hall in Tirol und Kufstein.

Der **Tauernradweg** führt entlang der Salzach von Krimml und seinen bekannten Wasserfällen über Zell am See nach Salzburg. Und am **Murradweg** in der Steiermark radelt man auf mehr als 300 Kilometern von der Salzburger Grenze das Murtal entlang über Graz bis an die österreichisch-slowenische Grenze. All diese Radwanderwege sind auch für Familien geeignet, lediglich etwas Kondition ist vorausgesetzt.

Mountainbiken

Gebirgstouren locken vor allem in den westlichen Bundesländern. Schöne Routen jeden Schwierigkeitsgrades führen z. B. in die Täler des Nationalparks Hohe Tauern. Auf diese Weise kann man auch – durch das Krimmler Achental ins Arntal in Südtirol – die Tauern überqueren. Ein anderes herrliches Mountainbikegebiet ist das Salzkammergut rund um den Dachstein. Informationen geben die örtlichen Tourismusverbände.
Für den, der seine Geschicklichkeit auf dem Bike schon einmal vorab im Gelände erproben will, gibt es spezielle Mountainbikeparcours. Einer der größten ist **Bikeworld** in Leogang im Salzburger Land.

Leoganger Bergbahnen, Hütten 39, 5771 Leogang, Tel. 0 65 83/82 19, www.leoganger-bergbahnen.at.

Radverleih und -mitnahme

Die Österreichischen Bundesbahnen (ÖBB) bieten an vielen Bahnhöfen einen Radverleih an, am besten reserviert man das Rad vorab. Die Mitnahme der eigenen Räder ist normalerweise in Bussen und der Bahn möglich, wobei sich die ÖBB sehr radfahrerfreundlich zeigt: Ein Sondertarif für Biker, das Radticket, ist vier Tage gültig. Spezielle Radwaggons, sog. Radtramper, fahren u. a. von Wien nach Passau, Retz und in die Wachau.

Infos und Tickets: Tel. 01/9 30 00, www.oebb.at.

Bed & Bike

Radfahrer sind in ganz Österreich gern gesehen. Entlang der Radwanderwege finden Sie normalerweise einfach Unterkunft und Verpflegung – nur am Donauradweg ist Vorausreservierung anzuraten. Einige besonders radfahrerfreundliche Betriebe sind:

Hotel-Pension Conrad, Dorf 165, 5754 Hinterglemm, Tel. 0 65 41/63 51, Fax 63 51/11 1, www.hotel-conrad.at. Gemütliches Hotel mit bikebegeisterten Wirtsleuten im Salzburger Pinzgau. ○○

Sport- und Wellnesshotel Stock, Dorf 142, 6292 Finkenberg, Tel. 0 52 85/67 75, Fax 67 75-421, www.sporthotel-stock.com. Wie der Name schon sagt: Biken, Wandern und Wellness im Zillertal. ○○○

Hotel Yscla, Nr. 125, 6561 Ischgl, Tel. 0 54 44/52 75, Fax 5 27 54, www.yscla.at. Spezielle Arrangements für Biker. ○○

Hotel Regitnig, Techendorf 33, 9762 Weißensee, Tel. 0 47 13/22 25, Fax 2 22 54, www.hotel-regitnig.at. Nach der Tour kann man sich am hoteleigenen Strand ausruhen. ○○○

Land der Berge

Lage und Landschaft

»Land der Berge, Land am Strome, Land der Äcker, Land der Dome« – so besingt die österreichische Bundeshymne einen Staat von außerordentlicher landschaftlicher Vielfalt. Ein großer Teil wird von den Ostalpen eingenommen, die sich hauptsächlich aus Kalkgestein zusammensetzen. Das gewaltigste Gebirgsmassiv bilden die Hohen Tauern, zu denen auch der Großvenediger (3674 m) und der Großglockner (3798 m) zählen – die beiden höchsten Berge des Landes. Auf der Linie Salzburg–St. Pölten schließt sich das Alpenvorland bis zur Donau an. Schotterebenen und Molassebecken bilden die natürlichen Gegebenheiten für Ackerbau, Viehwirtschaft und den Anbau unempfindlicher Obstsorten.

Die Gebiete nördlich der Donau rechnet man zu den Waldbergen, sie liegen in Höhen von 1000 bis 1380 m. Granit bildet ihren Untergrund, entsprechend kärglich sind die Böden. Im äußersten Osten liegt das Pannonische Becken, ein Tiefland, das sich in Ungarn im Kis-Alföld (der Kleinen Tiefebene) fortsetzt und teilweise durch Sand- und Lössanwehungen in ein fruchtbares, flachwelliges Hügelland verwandelt wurde.

Flüsse gliedern das Landschaftsbild: Das Inntal war und ist einer der wichtigsten Verkehrswege Tirols, und die Donau durchfließt Österreich auf immerhin 350 km – als einziger europäischer Strom von West nach Ost.

Klima und Reisezeit

Klimatische Unterschiede bestehen zwischen dem Alpennordrand, den inneren Alpen, der Alpensüdseite und dem Tiefland im Osten: Am Nordrand

Klima und Reisezeit

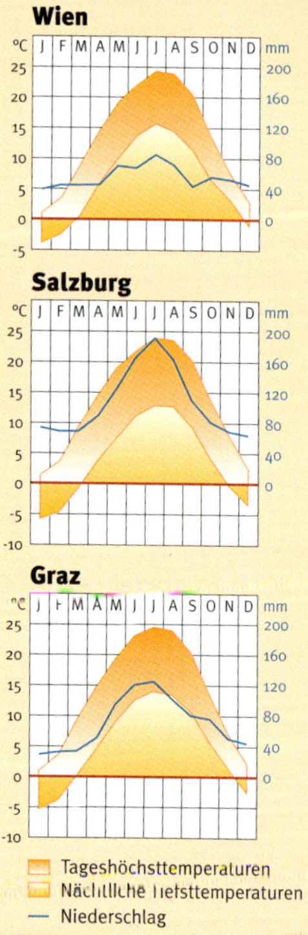

der Alpen »picken« (österreichisch für: kleben) die Wolken mitunter richtiggehend an den Hängen. Die westlichen atlantischen Luftmassen stauen sich am Gebirge und steigen unter Abkühlung und Wassersättigung auf. So entsteht der typische Schnürlregen im Salzburger Land. Rasche Wetterwechsel und Gewitterneigung kennzeichnen das alpine Klima im Inneren der Alpen. Niederschlagswahrscheinlichkeit und Sonneneinstrahlung nehmen mit der Höhe zu, daher immer wieder die Mahnung an Bergwanderer: wetterfeste Kleidung und Sonnenschutzmittel mit hohem Lichtschutzfaktor einpacken! Über den Regionen auf der Alpensüdseite wie Kärnten und der Steiermark strahlt oft ein mediterran blauer Himmel, während zur gleichen Zeit an der Nordseite missmutige Urlauber in Gummistiefeln durch Pfützen schlurfen. Im pannonischen Becken im Osten des Landes wird das Klima kontinentaler mit heißen Sommern, den berüchtigten Ostwinden und oftmals klirrend kalten, aber trockenen Wintern.

Einem Bonmot zufolge gibt es kein schlechtes Wetter, sondern nur schlechte Kleidung – insofern ist in Österreich immer Reisezeit! Dennoch: Die Region um den Neusiedler See ist zur Baumblüte im April/Mai am attraktivsten; für Städtetrips eignet sich der milde Frühsommer, zum Wandern September/Oktober; im Hochsommer zieht es Wasserratten an die Seen Kärntens und des Salzkammerguts.

Natur und Umwelt

Flora

Ein Drittel des Landes ist bewaldet, wobei im Alpenraum die natürliche Vegetation subalpiner Mischwälder Fichten-Monokulturen gewichen ist.

Diese Wiederaufforstung war nötig, weil ab dem Mittelalter gewaltiger Kahlschlag betrieben wurde. Das Holz wanderte vor allem in die Erzbergwerke. Ein Großteil des heutigen Waldes ist tatsächlich erst 150 Jahre alt! Ein Kuriosum bilden die Ahornböden im Karwendel, deren Entstehungsgeschichte mit dem Dreißigjährigen Krieg verknüpft ist: Als die Bauern in den Krieg zogen und die Flächen völlig der Natur überlassen waren, gingen Ahornsamen auf, und die jungen Bäumchen hatten erstmals die Chan-

Der Medienstar

Schlagzeilen machte 1972 ein Bär, der aus Slowenien ins Ötschergebiet eingewandert war, 1989 wurde dem einsamen Petz eine Braut beschafft. Die Medien überschlugen sich vor Bärenbegeisterung, bis 1994 eine kleine Population von Braunbären zuwanderte. Plötzlich bangten Urlauber um ihr Leben, die Tourismusindustrie um ihre Einkünfte. Heute gibt es zwei Bärenanwälte des WWF, die die erneute Ausrottung von Meister Petz verhindern sollen.

Wein wird viel angebaut, ...

... aber eine große Rolle spielt die Landwirtschaft nicht mehr

ce, die kritische Wachstumsperiode der ersten fünf Jahre ohne menschliche Eingriffe zu überstehen. Leider sterben die Bäume an natürlicher Überalterung; man versucht aber nun, neue anzupflanzen, um dieses in Österreich einzigartige Naturphänomen zu erhalten.

Die intensive Grünlandwirtschaft hat wenig artenreiche Mähwiesen, so genannte Bauernwiesen, hervorgebracht. Seltenheitswert haben Spezies des pannonischen Trockenrasens in der Wachau, wie Kuhschelle, Schlehdorn und Wildrose, vor allem aber die Pflanzen des Seewinkels, darunter Salzkresse und Sandaster. Die ungewöhnlichste Blume Österreichs ist die Wulfenia, die sonst nur in Albanien, Syrien und im Himalaya vorkommt: Bei Hermagor wächst diese violette Schönheit in einem Gebiet von ca. 10 km^2.

Fauna

Neben den für die Alpenregion charakteristischen Arten wie Gämse, Steinbock, Murmeltier und Steinadler gehört auch die bis zu 2 m lange, kletternde Äskulapnatter zur österreichischen Tierwelt. Im pannonischen Raum leben wilde Hamster, und im Seewinkel findet eine ganz eigene Fauna ihren geschützten Lebensraum. Vor allem Vögel seltenster Arten lassen sich hier beobachten, teils fest ansässige, teils ziehende. Eine Besonderheit ist die Großtrappe, ein großer, am Boden behäbig wirkender Vogel, der in Europa nur in einem kleinen geschützten Gebiet nahe der ungarischen Grenze vorkommt.

Landnutzung

Österreich ist ein relativ dicht besiedeltes und von Straßen und Städten versiegeltes Land. Auch in den Alpen, wo sich wegen der Landesnatur nur wenige Menschen niedergelassen haben, wächst die Umweltbelastung durch den Transitverkehr zunehmend. Die Gebirgsstöcke sind längst eine Kultur-, keine Naturlandschaft mehr. Nur noch 6 % der Österreicher sind in der Landwirtschaft tätig, aber gerade sie erfüllen eine wichtige Funktion im ökologischen Gefüge. Ein Großteil der Flora und Fauna ist nämlich in ihrem Lebenszyklus auf Elemente der Kulturlandschaft angewiesen, zudem sind unbewirtschaftete Flächen schneller der Erosion preisgegeben. Das kann im Gebirge zu Bergstürzen und Muren, im Flachland zu Ödland und Übersalzung des Bodens führen.

Nationalparks in Österreich

Der Gedanke, dass der Mensch seine eigenen Lebensgrundlagen bedroht, beschäftigte schon das Mittelalter. Weitsichtige Mönche wiesen auf die Gefahr von Rodungen hin, und auch Martin Luther war über Raffgier ohne Rücksicht auf die Natur besorgt. 100 Pflanzenarten und 186 Tierarten sind laut Worldwide Fund for Nature (WWF) in den letzten 1000 Jahren in Österreich ausgestorben, und es bedarf der Schutzgebiete, damit diese Zahlen nicht weiter anwachsen. Man unterscheidet in der Alpenrepublik Nationalparks, Naturparks, Alpengärten, Naturschutzgebiete des WWF und Schutzgebiete für seltene Pflanzen. In den österreichischen Nationalparks gibt es Gebiete, die völlig sich selbst überlassen bleiben, aber auch solche, die in streng kontrolliertem Umfang landwirtschaftlich und touristisch genutzt werden dürfen. Für den Besuch gilt: zuerst das jeweilige Nationalparkzentrum aufsuchen, das über Aktionen informiert und Kartenmaterial bereithält.

1 Nationalpark Hohe Tauern

Als sich 1914 abzeichnete, dass in den Tauern kühne Ingenieure an Plänen für Zahnradbahnen und Straßen arbeiteten, hatte einer Angst um den Berg: Der Villacher Großindustrielle Albrecht Wirth kaufte 41 km² Grund in den Hohen Tauern (Pasterzegletschergebiet) und schenkte ihn dem Alpenverein mit der Auflage, ihn »dem spekulativen alpinen Fremdenverkehr zu entziehen«. Diese Fläche wurde zur Keimzelle des heutigen Nationalparks, der sich auf bisher 1800 km² über drei Bundesländer erstreckt: Tirol, Salzburg und Kärnten, Erweiterungen sind geplant. Nationalparkverwaltung, 5741 Neukirchen am Großvenediger, Tel. (0 65 65) 6 558-0, Fax 65 58-18, www.hohetauern.at

Nationalpark Neusiedler See-Seewinkel

Der Nationalpark Neusiedler See-Seewinkel wurde 1992 als grenzüberschreitender 14 400 ha großer Nationalpark in Ungarn und Österreich gegründet. Er stellt seltene Pflanzen der Schilfzone unter Schutz, die Heimat und Nahrungsquelle für über 250 Arten von Wasservögeln sind. Der Park konserviert Urlandschaften wie die Salzlacken, flache Tümpel, die im Frühjahr mit Wasser gefüllt sind und im Jahreslauf allmählich austrocknen. Der Park bewahrt aber auch jene versteppte Kulturlandschaft, die Folge von Abholzung und Beweidung ist. Nationalpark Informationszentrum, Hauswiese, 7142 Illmitz, Tel (0 21 75) 34 42-0, Fax 34 42-4, www.nationalpark-neusiedlersee.org

Nationalpark Nockberge

Der Nationalpark Nockberge ist 216 km² groß und stellt die Kärntner Nockberge mit ihren charakteristischen Lärchen- und Zirbenwäldern unter Schutz. Informationen über den Fremdenverkehrsverband Lieser-Maltatal, Rathaus, 9853 Gmünd, Tel. (0 47 32) 22 22, Fax 39 78, www.nockberge.org

Ein Kernkraftwerksbau westlich von Wien wurde zwar 1978 per Volksentscheid gestoppt, aber Österreich ist nicht frei von energiepolitischen und entsorgungstechnischen Problemen, die vor allem wenig beachtete Randgebiete betreffen.

Im niederösterreichischen Wolfsthal, an der slowakischen Grenze, ist eine Deponie für hochgiftige Abfälle in einem Bergwerksstollen geplant; daneben fließt ein unterirdischer Arm der Donau, der das ganze Burgenland mit Trinkwasser versorgt, und zudem werden in der Gegend tektonische Bewegungen registriert!

Bevölkerung

Die Vorarlberger sind alemannischer Herkunft, alle anderen Österreicher stammen hauptsächlich von den Bajuwaren ab. In Kärnten und in der Weststeiermark verschmolzen bajuwarische Völker mit einer slawischen Bevölkerung. Eine slowenische Minderheit (14 000) in Unterkärnten entschied 1920 mit »Ja« über den Verbleib bei Österreich. 1955 wurden dort zweisprachige Schilder aufgestellt, die von deutschnationalen Extremisten 1972 ausgerissen wurden. Heute stehen sie wieder, dennoch ist das Verhältnis gespannt – nicht zuletzt wegen der Polemik des Rechtspopulisten Jörg Haider.

Die Gebiete im Osten sind erst ab dem 10. Jh. mit Kolonisten (Bajuwaren und kroatische Flüchtlinge) besiedelt worden. Die k. k. Zeit machte gerade aus Wien und dem Burgenland einen Schmelztiegel der Völker, und so kann heute ein Urwiener auch Hrdlicka oder Nechwatal heißen. Im Burgenland lebt eine gut integrierte kroatische Minderheit von ca. 19 000 Menschen und eine ungarische von rund 4000.

Wirtschaft

Österreich setzt auf eine diversifizierte Industrie. Diese besteht aus der Produktion von Konsumgütern und Investitionsgütern wie Bauteilen für elektronische Produkte. Innerhalb des Dienstleistungssektors, in dem heute ca. 65 % der Österreicher beschäftigt sind, nimmt der Tourismus eine bedeutende Rolle ein. Daher trifft es den Alpenstaat, vor allem Tirol und Kärnten, schwer, dass die Übernachtungszahlen gegenüber den 1980er Jahren um durchschnittlich ein Viertel zurückgegangen sind. Braunkohle- und Erzbergbau, Salzabbau, Erdöl- und Erdgasförderung sind gegenwärtig kaum noch von Bedeutung. Auch die Bauern erwirtschaften nur einen kleinen Teil des Bruttoinlandsproduktes; ca. 6 % der Österreicher sind in der Landwirtschaft tätig. Als sich 1994 immerhin 66 % der Österreicher für den Beitritt zur EU entschieden, befürchteten die Gegner einen Ausverkauf des Landes; sie warnten davor, dass die Zahl der Zweitwohnsitze von Ausländern und auch der Transitverkehr weiter zunehmen würden. Die Proteste kamen vor allem von Seiten der Landwirte. Inzwischen wurden Agrarsubventionen ge-

Steckbrief

- **Fläche:** 83 855 km²
- **Einwohner:** 7,3 Mio.
- **Bevölkerungsdichte:** 90 Einw./km²
- **Größte Städte:** Wien 1,3 Mio., Graz 226 000, Linz 183 000, Salzburg 143 000
- **Bundesländer:** Vorarlberg, Tirol, Salzburg, Oberösterreich, Kärnten, Steiermark, Niederösterreich, Burgenland, Wien

strichen, und das gebirgige Land mit seinem rauen Klima hat mit Wettbewerbsnachteilen innerhalb der EU zu kämpfen.

Politik und Verwaltung

Österreich ist eine Republik mit neun Bundesländern. Im föderativen System des Landes verfügt jedes Bundesland über ein Landesparlament, dem der Landeshauptmann vorsteht.

In der Bundeshauptstadt Wien befindet sich der Sitz des Bundespräsidenten, der Bundesregierung und der Organe der Bundesverwaltung. Österreich ist Mitglied der EFTA, der EU und der UN. In den Gebäuden der UNO-City in Wien haben mehrere Unterorganisationen der Vereinten Nationen ihren Sitz.

Die stärksten Parteien sind die sozialdemokratische SPÖ, die christlich-konservative ÖVP, die FPÖ und die Grünen. In den letzten Jahren hatte die rechtslastige FPÖ starken Zulauf erhalten, ihr einstiger Vorsitzender Jörg Haider stand in Wien lange ante portas. Der Populist, der sich immer wieder mit rechtsradikalen Sprüchen selbst demaskiert, musste angesichts von Turbulenzen in der eigenen Partei das Ziel Bundeskanzleramt erst einmal hintanstellen. Seine Erfolge – zuletzt seine Wahl zum Landeshauptmann von Kärnten – sind auch darauf zurückzuführen, dass viele Österreicher den Stimmzettel angesichts der Untätigkeit, gebrochenen Wahlversprechen und Vetternwirtschaft der großen Parteien zum Protest benutzen. Eine Koalition der FPÖ in einer Regierung gemeinsam mit der ÖVP ging 2002 aufgrund parteiinterner Streitereien vorzeitig in die Brüche, was zu Neuwahlen führte. Aus dieser Wahl ging die ÖVP als Sieger hervor.

Geschichte im Überblick

30 000–800 v. Chr. Jäger, Fischer und Sammler besiedeln in den Zwischeneiszeiten auch die Alpentäler, was Funde im Kaisergebirge beweisen. Eine wissenschaftliche Sensation war die Entdeckung von »Ötzi«, der 5300 Jahre alten Leiche eines Jägers, im Eis des Hauslabjochs im Ötztal. In der Jungsteinzeit betreiben die Menschen bereits Ackerbau und Viehzucht. In der Bronzezeit beginnt der Kupferbergbau in den Alpen.
800–400 v. Chr. In der Hallstattzeit betreiben Menschen illyrischen und keltischen Ursprungs Bergbau und handeln mit Salz.
ab 15 v. Chr. Die Römer errichten drei Provinzen: Noricum westlich des Zillertals, Pannonia am Alpenostrand und dazwischen Raetia bis zu Mur und Mürz. Sie bauen Städte wie Aguntum (nahe dem heutigen Lienz), Brigantium (Bregenz) oder Vindobona (Wien).
260–955 Immer wieder fallen kriegerische Reitervölker in das Gebiet ein: Hunnen, Awaren und Magyaren. Die Römer ziehen sich im 5. Jh. schrittweise zurück.
955 Otto I. besiegt die Ungarn auf dem Lechfeld bei Augsburg. Die Ostmark, mit der die Babenberger vom Kaiser belehnt werden, wird 996 erstmals »Ostarrichi« genannt.
1278 Mit König Rudolf I. beginnt die Regentschaft der Habsburger.
1493–1519 Kaiser Maximilian I. legt den Grundstein für das Habsburger-Weltreich, das v. a. durch eine Serie geschickter Ehe- und Hausverträge wächst. Sein Sohn Philipp heiratet Johanna die Wahnsinnige, die Erbin von Spa-

Geschichte im Überblick

nien und den amerikanischen Kolonien, sein Enkel Ferdinand gewinnt durch Heirat Ungarn und Böhmen.
1529 Die Türken belagern Wien, allerdings ohne Erfolg.
1571 Der Protestantismus erreicht seinen Höhepunkt.
1576 Die Gegenreformation wird von Kaiser Rudolf II. zusammen mit den Jesuiten vorangetrieben.
1663–1699 Die Türken bedrohen das gesamte Abendland. 1683 belagern sie Wien, werden aber vom Reichsheer zurückgeschlagen. Unter dieser Bedrohung wird ein geschickter Taktiker und Feldherr gesucht – und gefunden: Prinz Eugen von Savoyen, der später als Berater dreier Kaiser mithilft, Österreich zu einer bisher unerreichten wirtschaftlichen Blüte zu führen.
1740 Die Epoche Maria Theresias beginnt. Sie schafft einen modernen Beamtenstaat, reformiert das Heereswesen, führt die Volksschule ein und macht Wien zu einem künstlerischen Mittelpunkt Europas.
1781 Joseph II., der Sohn Maria Theresias, besteigt den Thron. Er versteht sich als Vertreter des aufgeklärten Absolutismus. Seine Reformen – Abschaffung der Leibeigenschaft, Toleranzpatent für Protestanten, Aufhebung nicht gemeinnütziger Klöster – stoßen bei Adel und Klerus auf erbitterten Widerstand.
1797–1809 Napoleon überzieht das Habsburgerreich mit Kriegen. Unter seinem Druck verzichtet Franz II. 1806 auf die römisch-deutsche Kaiserkrone. Das Ereignis markiert das Ende des Heiligen Römischen Reiches Deutscher Nation. Zwei Jahre zuvor hat er sich zum Kaiser von Österreich ernannt.
1814–1848 Staatskanzler Metternich setzt restaurative Verordnungen durch: Zensur, Polizeistaat, Überwachung der Universitäten.
1848 Märzrevolution. Kaiser Ferdinand I. dankt ab. Sein Neffe Franz Joseph I. besteigt den Thron und regiert 68 Jahre lang.
1867 Ungarn wird als selbständiger Teil des Reiches anerkannt; damit entsteht die k. k. Doppelmonarchie.
1914–1918 Der Erste Weltkrieg endet für Österreich in einer Katastrophe. Mit dem Friedensvertrag ist die Monarchie aufgelöst. Große Teile des Vielvölkerreichs werden selbständige Staatsgebilde, Österreich findet sich als Kleinstaat und Republik wieder.
1919–1938 Wirtschaftliche Probleme halten die Politik in Atem. Zudem entstehen Konflikte zwischen dem sozialistischen Wien und dem konservativen Rest des Landes.
1938–1955 Deutsche Truppen marschieren ein, der »Anschluss« wird verkündet. Im Zweiten Weltkrieg kämpft Österreich an der Seite des nationalsozialistischen Deutschland und wird 1945 in vier Besatzungszonen eingeteilt. 1955 endet die Besatzung mit dem Staatsvertrag. Das Land beschließt politische Neutralität.
1989 Der Eiserne Vorhang fällt. Österreichs Brückenfunktion zwischen Ost und West erhält noch mehr Gewicht.
1995 tritt Österreich der EU bei.
2004 Die EU-Osterweiterung rückt Österreich in den Mittelpunkt der Europäischen Union.

Kultur gestern und heute

Architektur

Wer durch Österreich fährt, begibt sich auf eine Reise durch alle kunsthistorischen Epochen. Rein **romanische Gebäude** sind allerdings nur in Form sakraler Bauten erhalten; die Ruprechtskirche in Wien ist ein besonders schönes Beispiel. Durch den regen Austausch mit anderen europäischen Fürstenhäusern gelangten **gotische Formen** ins Land, die ihren Niederschlag vor allem in den Kirchenbauten des Zisterzienserordens fanden, z. B. beim Brunnenhaus von Stift Heiligenkreuz. Die **Renaissance** war in Österreich stark mit der Gestalt Maximilians I. verknüpft, der hochkarätige Künstler wie Albrecht Dürer förderte. Dürer entwarf einige der Bronzefiguren am Grabmal Maximilians in der Hofkirche zu Innsbruck (s. S. 62). Auch Profanbauten der Renaissance sind erhalten: einige Häuser in der Altstadt von Klagenfurt, Schloss Porcia in Spittal oder die Burg Hochosterwitz in Kärnten. Mit den Habsburgern und deren Geltungsbedürfnis begann der **Barock.** Die bekanntesten Vertreter sind Joseph Munggenast, der die Stiftskirche in Dürnstein konzipierte, Jakob Prandtauer, Erbauer des Stiftes Melk, Johann Bernhard Fischer von Erlach, der die Nationalbibliothek in Wien ersann, und Lucas von Hildebrandt, der Schloss Mirabell in Salzburg und Schloss Belvedere in Wien schuf.

Der **Klassizismus** manifestierte sich in den Bauten von Joseph Kornhäusel, der in Baden bei Wien einem ganzen Städtchen seine Handschrift verlieh. Der **Historismus** war nach den

Schloss Porcia, Spittal an der Drau

Wirren der Revolution von 1848 ein Versuch, an eine glanzvolle Vergangenheit anzuknüpfen und mit Monumentalbauten nochmals kaiserliche Macht zu demonstrieren wie bei den Ringstraßen von Wien. Die **Wiener Secession** reagierte auf diesen Stil mit heftigem Protest. »Secessio« (lat.: Trennung, Spaltung) meinte die Abspaltung von den konservativen akademischen Zirkeln und eine Loslösung von allem Normativen unter dem Motto »Der Zeit ihre Kunst. Der Kunst ihre Freiheit«. Bei dieser typisch österreichischen Ausprägung des Jugendstils arbeiteten die Künstler interdisziplinär eng zusammen. Hauptfiguren waren der Maler Gustav Klimt und die Architekten Otto Wagner und Joseph Maria Olbrich. Die **zeitgenössische Moderne** hat mit Friedensreich Hundertwasser ihren prominentesten Vertreter. International renommierte österreichische Architekten sind im eigenen Land umstritten: Das Duo Coop Himmelblau gewann den Wettbewerb für das Ronacher-Theater – gebaut aber wurde nach anderen, braven Plänen. Hans Hollein musste beim Haas-Haus am Wiener Stephansplatz zu viele Zugeständnisse machen, die letztlich der Gesamtkonzeption geschadet haben. In Madrid hingegen konnte er bei der Banco Santander sein visionäres Talent beweisen. Einzig Gustav Peichl, der u. a. die ORF-Studios baute, wird in Österreich hoch gelobt.

Plastik und Malerei

Nur 7 cm groß ist die archäologische Sensation von Krems: 1988 wurde die rund 30 000 Jahre alte »Venus vom Galgenberg« entdeckt. Ihre rundliche Schwester, die »Venus von Willendorf«, ist 5000 Jahre jünger. Aus der **Romanik** ist wenig Figürliches erhalten, bedeutend sind die Figuren am Riesentor des Stephansdoms. In der **Gotik** trat neben der Steinmetzkunst die Holzbildhauerei ins Zentrum des Interesses. Madonnenfiguren, aber auch der berühmte Flügel-Schnitzaltar von Michael Pacher in St. Wolfgang entstanden in dieser Zeit. Während der **Renaissance** wirkte die »Donauschule«, Hauptvertreter war Lucas Cranach d. Ä. mit seinen sphärischen Bildern. Im überbordenden **Barock** schufen Maler wie Anton Maulpertsch und Paul Troger Altarbilder und monumentale Freskenzyklen – so Maulpertsch das imposante Deckengemälde in Schloss Halbturn. Georg Raphael Donner war das herausragende Talent in der Bildhauerei: Seine Pietà im Dom zu Gurk hat nichts von ihrer mystischen Ausstrahlung verloren.

Egon Schiele wurde von Gustav Klimt, dem Kopf der **Secession,** gefördert, entwickelte aber bald einen eigenen Stil. Seine Aktbilder, allem anderen als landläufigen Schönheitsidealen verpflichtet, riefen eine Welle der Empörung hervor. Mit dem **Expressionismus** ging ein symbolischer Aufschrei durch die Kunst – weg von der

Gustav Klimt

Auftragsarbeit, weg vom Naturalistischen. Oskar Kokoschka gelang es, in seinen Porträts auch die Psyche eines Menschen abzubilden. Alfred Kubin zeichnete mit feiner Feder düstere Welten, die dem Unterbewusstsein entstiegen scheinen.

Nach dem Zweiten Weltkrieg entstand in Wien in der Nachfolge des Surrealismus der **Wiener Phantastische Realismus** (Rudolf Hausner, Ernst Fuchs, Arik Brauer), der die schöpferische Kraft des Menschen veranschaulichen wollte und realistische Details in Zusammenhänge stellte, die der Wirklichkeit entzogen sind. Zu den herausragenden Künstlern der Gegenwart zählen auch der Plastiker und Graphiker Alfred Hrdlicka und der Maler Arnulf Rainer.

Musik

Die mittelalterlichen **Minnesänger** waren am Hof der Babenberger in Wien gern gesehen; sowohl Walther von der Vogelweide als auch Oswald von Wolkenstein wurden gefördert. Unter dem Begriff **Wiener Klassik** fasst man die Werke Mozarts, Beethovens und Haydns zusammen; Ihre Sin-

Alljährlich ein Festival der Superlative: die Salzburger Festspiele

Feste & Veranstaltungen

- **Januar:** an einigen Orten im Salzburger Land: **Perchtenlaufen** (6. 1.).
- **Februar: Faschingstreiben,** z. B. Schemenlaufen in Imst, Schleicherlaufen in Telfs, Villacher Fasching.
- **April: Opernfestspiele** in Salzburg.
- **Mai/Juni: Burgspiele** in Forchtenstein. – **Wiener Festwochen.**
- **Juni:** An vielen Orten **Fronleichnamsprozessionen,** besonders schön und farbenprächtig in Hallstatt. – **Schubertiade** in Hohenems. – **Donauinselfest,** Gratis-Open-Air-Konzerte und mehr in Wien (Ende Juni/Anfang Juli).
- **Mai–September: Haydn-Festspiele** in Eisenstadt. – **Bregenzerwälder Kulturtage.** – **Operettenwochen** in Baden (ab Juni). – **Niederösterreichischer Theatersommer** in vielen Städten der Region (ab Juli). – **Orgelwochen** in Millstatt (ab Juli).
- **Juni–August: Carinthischer Sommer** in Villach und am Ossiacher See (Juli/Aug.). – **Salzburger Festspiele** (Juli/Aug.). – **Stiftskonzerte** in Melk (Pfingsten). – **Ambraser Schlosskonzerte** in Innsbruck (Juli–Aug.). – **Waldviertler Musiksommer** in Altenburg (Juni–Aug.). – **Operettenwochen** in Bad Ischl (Juli/Aug.). – **Seefestspiele** in Mörbisch und Bregenz (Juli/Aug., s. S. 7). – **Jazzfestival Saalfelden** (Aug.).
- **September: Almabtrieb.** – **Erntedankfeste.**
- **Oktober: Brucknerfest** in Linz. – **Winzerfest** in Retz. – **Filmfest Viennale** in Wien. – **steirischer herbst** in Graz.

fonien, Opern, Messen und ihre Kammermusik gehören bis heute zum Schönsten, was Komponisten geschaffen haben. In der **Romantik** Anfang des 19. Jhs. erlebte das Kunstlied Franz Schuberts seine Blütezeit. Die Werke Franz Liszts sowie die Lieder und Sinfonien von Johannes Brahms wurden weltberühmt. Anton Bruckner verband in seiner Kirchenmusik und in seinen Sinfonien klassische Tradition mit volksliedhafter Melodik. Zwischen Tradition und Avantgarde stand Gustav Mahler mit seinen Sinfonien und Liederzyklen für Orchester.

Ende des 19. Jhs. entstand aus Altwiener Singspielpossen, aus dem Ländler und aus Offenbachs »Bouffes Parisiennes« der **Wiener Walzer,** und bald wiegte sich die Welt im Dreivierteltakt. Die **Wiener Operette** eroberte den halben Erdball, etwa mit dem »Radetzkymarsch« von Johann Strauß, dem »Zigeunerbaron« seines Sohnes oder der »Lustigen Witwe« von Franz Lehár. Ebenfalls an der Wende zum 20. Jh. entstand die **Schrammelmusik** (benannt nach den Brüdern Schrammel, die sie populär machten), der Inbegriff des weinseligen Heurigen. Inmitten all dieser Sentimentalität verwirrten Arnold Schönberg und seine Schüler Alban Berg und Anton von Webern mit der **Zwölftonmusik** – heute gehören ihre Opern (Schönbergs »Pierrot Lunaire« oder Bergs »Lulu«) zu den meistzitierten Werken dieser neuen Musik.

In den 1970er Jahren waren kritische **Liedermacher** wie Wolfgang Ambros, Georg Danzer, Reinhard Fendrich und Ludwig Hirsch ein musikalischer Exportschlager. Heute stürmen Gruppen die Hitparade, die Volksmusik mit Pop verknüpfen, darunter Hubert von Goisern, die Zillertaler Schürzenjäger oder DJ Ötzi. Die Tiroler Band Bluat schink zählt zu den Geheimtipps.

Literatur

In Österreich entstand im 13. Jh. das wichtigste Volksepos deutscher Sprache, das Nibelungenlied. Erst mit der beginnenden Industrialisierung im 19. Jh. wurde das einfache Volk zum Objekt der Dichtung – bei den Volksdichtern Peter Rosegger (s. S. 92), Ludwig Anzengruber und bei Marie von Ebner-Eschenbach.

Zu Beginn des 20. Jhs. zog Karl Kraus in seiner Zeitschrift »Die Fackel« mit Zynismus die überkommenen Werte in Zweifel. Arthur Schnitzler, Hugo von Hofmannsthal, Peter Altenberg und Stefan Zweig taten dies ebenfalls, indem sie ihre Figuren am Ende einer Epoche im Widerstreit der Gefühle zeichneten. Auch Robert Musil schuf in seinem unvollendeten Hauptwerk »Der Mann ohne Eigenschaften« ein beklemmendes Bild vom Untergang der Monarchie. Mit dem Dritten Reich erfuhr Österreich eine Ausblutung, ein Teil der jüdischen Kulturszene wie Elias Canetti und Friedrich Torberg konnte emigrieren.

Nach dem Zweiten Weltkrieg versuchten die Literaten, ihre Erlebnisse in einer aus dem Lot geratenen Welt zu verarbeiten. Ernst Jandl löste den Text zugunsten von Sprachrhythmik fast völlig auf. Peter Handke und Ingeborg Bachmann zeigen Menschen zwischen Resignation und Auflehnung, Elfriede Jelinek deutet auf menschliche Abgründe und Aggression, indem sie Sexualität als Waffe darstellt.

In den Bühnenstücken des Dramatikers Thomas Bernhard kann der machtlose Mensch dem Scheitern kaum entrinnen, Bernhards dichte Prosa ist voller Sarkasmus. Zu den produktivsten und interessantesten Romanautoren der Gegenwart gehört Gerhard Roth, bei den Dramatikern ist Felix Mitterer zu nennen.

Essen und Trinken

In 1000 Jahren Österreich und Vielvölkermonarchie haben die unterschiedlichsten Kulturen auch kulinarische Spuren hinterlassen. Diese Einflüsse kamen aus ganz Europa: von Spanien bis Polen, von der Türkei bis Brabant.

In **Vorarlberg** ist eine deftige, bäuerliche Küche zu Hause, wie man sie auch in Schwaben oder im Allgäu kennt. Käsknöpfle oder Kässpatzen z. B. bestehen aus Nudelteig, der nach dem Kochen mit Käse vermengt wird. Auch die traditionellen Gerichte in **Tirol** waren ursprünglich nahrhafte und preiswerte Mahlzeiten für schwer arbeitende Bergbauern: Tiroler Gröschtl, ein Pfannengericht aus Kartoffeln, Zwiebeln, Rindfleisch und Speck, schmeckt besonders gut nach einem schweißtreibenden Aufstieg in einer urigen Berghütte. Auch in **Kärnten** wird deftig gekocht: Frigga besteht aus Speck, Käse und Polenta und dokumentiert den Einfluss des Friaul. Im **Salzburger Land** sollte man Schöpsernes, einen Auflauf mit Hammelfleisch, Kraut, Kartoffeln und Zwiebeln probieren.

In **Oberösterreich** könnten Fischliebhaber einem Waldviertler Krautstrudel einen Donauwaller auf Gemüse folgen lassen. Wen es nach Fleisch gelüstet, der kostet das Innviertler Kronfleisch, Zwerchfellfleisch vom Rind. Dazu darf frisch geriebener Kren (Meerrettich) nicht fehlen. In **Niederösterreich** ist der Tafelspitz zu Hause. Das gekochte Rindfleisch erhält seinen feinen Geschmack durch die Zutaten im Sud: Suppengemüse, Nelken, Lorbeerblätter und Wacholderbeeren. Nicht nur in **Wien** zu haben: das Wiener Schnitzel. Ein echtes muss aus Kalbfleisch bestehen.

Blickfang auf dem Gemüsemarkt

Im **Burgenland** dominieren ungarische Einflüsse: Hier heißt der Zander wie bei den Nachbarn Fogosch und wird mit Knoblauch zubereitet. In der **Steiermark** ist der steirische Salat mit Kürbiskernöl und Pökelzungenwürfeln das beliebteste Entree. Herzhafte Strudel munden zu jeder Mahlzeit.

Mehr als Worte

Der ganze Stolz Oberösterreichs ist die Linzer Torte, und seitdem ein Ur-Rezept von 1696 entdeckt wurde, ist auch die peinliche Vermutung aus dem Weg geräumt, dass es ein eingewanderter bayerischer Zuckerbäcker war, der diese Torte erfunden hat. Gegner der heiligen Süßspeise behaupten, dass sie einem aus den Ohren herausstaubt, ihre Fans halten es mit dem deutschen Dramatiker Ernst von Wildenbruch: »Was sind aller Dichter Worte gegen eine Linzer Torte.«

Österreich ist ein Dorado für Leckermäulchen. Süßspeisen nennt man hier Mehlspeisen. Berühmt sind die Salzburger Nockerl, ein leichtes Gebäck aus Eischneemasse. Der Kaiserschmarrn ist deshalb kaiserlich, weil der gezupfte Pfannkuchenteig mit Rosinen verfeinert wird – eine unter vielen Erklärungen des Namens. Beliebt ist auch der mit Powidel (Zwetschgenmus) gefüllte Germknödel entweder in Vanille- oder in Buttersoße mit Mohn.

In vino veritas

Österreich hat eines der strengsten Weingesetze der Welt. Nachgezuckert darf nur bei Land- oder Tafelwein werden, beim Qualitätswein nur in ganz geringen Mengen. Auf der Flasche müssen Erzeuger, Alkohol- und Zuckergehalt sowie die Qualitätsstufe angegeben sein. Prädikatsweine sind Spätlesen, Ausbruch, Eisweine oder Trockenbeerenauslesen, deren Süße sich ausschließlich der Kunstfertigkeit des Winzers verdankt.

In den sechs Weinbaugebieten Österreichs sollten Sie sich auf die jeweiligen Spezialitäten konzentrieren, damit Sie auf den rechten Geschmack kommen. In der **Wachau** und im **Kamptal** dominiert der Grüne Veltliner, ein leichter, frischer Weißwein. Im **Donauland** ist der St. Laurent zu Hause, ein gehaltvoller kräftiger Rotwein. Die **Thermenregion** steht für den weißen Gumpoldskirchner, der zum billigen Supermarktprodukt verkam, aber nun wieder gepflegt wird. Das **Burgenland** ist bekannt für seinen Blaufränkischen, einen feinwürzigen Roten. Ein Kuriosum hat das östlichste Bundesland zu bieten: den Uhudler, ein gehaltvoller Wein meist aus mehreren unveredelten Rebsorten, die in acht Gemeinden rund um Heiligenbrunn angebaut werden. Der Geschmack ist – neutral gesagt – interessant! In der **Steiermark** dreht sich alles um den Schilcher. Dieser in allen Rottönen changierende Wein hat einen sehr trockenen Geschmack, der Freunde und Gegner in zwei unversöhnliche Lager teilt.

Mischt man den Wein, entstehen erfrischende Getränke: Spritzer (Wein mit Soda), Mischung (Wein mit Mineralwasser) und Spezi (im Burgenland Wein mit Almdudler, einer Kräuterlimonade).

Der Heurige

»Heuriger« bezeichnet sowohl den jungen, im letzten Jahr gekelterten Wein als auch den Ort, an dem er genüsslich mit Gleichgesinnten konsumiert wird. Ein echter Heuriger – in dem Fall ist das Lokal gemeint – darf nur drei Monate im Jahr geöffnet haben. Zu dieser Zeit ist dann »ausg'steckt«: Ein Föhrenbuschen zeigt an, dass Gäste willkommen sind. Prinzipiell dürfen im Buschenschank, wie dieser Ort der Weinseligkeit auch genannt wird, zum Essen nur Eigenerzeugnisse angeboten werden. Dieser Brauch stammt aus der Zeit Maria Theresias und verhalf den Weinbauern zu einem Nebenverdienst. Große, ganzjährig geöffnete Heurige verfügen über eine Gastgewerbekonzession, sind also eigentlich Heurigenrestaurants und mit dem Original nicht unbedingt zu vergleichen.

Urlaub aktiv

Bergsteigen und Wandern

Auch wer wenig bergerfahren ist, sollte zumindest einmal mit einem Bergführer in die Gebirgswelt marschieren. Eine Alpinschule für Anfänger und Fortgeschrittene ist die **Alpinschule Innsbruck** (In der Stille 1, 6161 Natters, Tel. 05 12/ 54 60 00, www.asi.at). Im Übrigen unterhalten viele Orte Bergsportschulen. Wenig anstrengend, weil nur ein Tagesrucksack getragen werden muss, ist das gepäcklose Trekken im Pinzgauer Saalachtal (**Pinzgauer Saalachtal,** 5760 Saalfelden, Tel. 0 65 82/7 40 17, Fax 7 40 17-4, www.pinzgauer-saalachtal.co.at).

Beim dreitägigen Trekking in der Steiermark wird das Gepäck von Haflingern transportiert (**FVV,** 8650 Kindberg, Tel. 0 38 65/37 64). Unbekannt, aber reizvoll ist die Wanderregion Gesäuse (**Alpinschule Lois Haber,** Admont, Tel. 036 13/26 26).

Drachenfliegen/Paragleiten

Verlockende Starthänge und die richtige Thermik machen Österreich zu einem Gleitschirmland. Man kann Drachenfliegen und Paragleiten nicht nur ausüben, sondern auch erlernen, z. B. bei der **Flugschule Kitzbühel** (Tel. 0 53 34/68 68-0, www.para.at) oder der **Paragleitschule Stubaital** (Tel. 0 52 26/33 44, www.parafly.at).

Radwege

Der König unter den Radwegen ist der ca. 300 km lange **Donauradweg** von Passau bis Wien. Weniger stark befahren sind der 325 km lange **Tauernradweg** an Inn und Salzach oder der ca. 300 km lange **Murradweg** vom Lungau nach Mürzzuschlag. Mountainbiken ist nicht überall erlaubt, man erkundigt am besten vor Ort beim Fremdenverkehrsamt (s. S. 10 f.).

Golf

Österreich hat über 100 Golfplätze. Kärnten mausert sich zu einem veritablen Golfzentrum, der neue **Gordon Manson Course** in Millstatt bereichert das Angebot zusätzlich. Die **Golfarena Baden** bietet Unterkunft in Baden mit Golfpauschalen auf sechs Golfplätzen (Tel. 0 22 52/86 80 03 10). Sportlich und unprätentiös geht es im **Böhmerwald Golfpark Ulrichsberg** (Tel. 0 72 88/ 82 00) zu, wo sowohl ein 18-Loch-Meisterschaftsplatz als auch ein anspruchsvoller 9-Loch-Platz warten. Als »Gämsengolfplatz« wird der gebirgige Platz **Brand in Vorarlberg** (Tel. 0 55 59/4 50) liebevoll bezeichnet.

Golfschulen gibt es in Warmbad Villach (Tel. 0 42 42/ 3 25 64) oder Bad Loipersdorf (Tel. 0 33 82/85 33); die erste Kindergolfschule Österreichs hat im Brandlhof in Saalfelden (Tel. 0 65 82/78 00) eröffnet. Die **Golf-**

schaukel Stegersbach im Burgenland fasst fünf 9-Loch-Plätze zu einem 45-Loch-Dorado zusammen (Tel. 0 33 26/5 50 00). Als schönster Golfplatz Österreichs gilt der **GC Fontana** in Oberwaltersdorf in Niederösterreich: 18 Loch zwar nur, aber das vom Allerfeinsten (Tel. 0 22 53/60 6-0).

Reiten

Anfänger sind im **Pferdedorf Ampflwang** (Robinsonclub, 4843 Ampflwang, Tel. 0 76 75/40 20-0, www.robinsonclub.de) gut aufgehoben. Für Westernreiter ist die **Kröller Ranch** (6281 Gerlos, Tel. 0 52 84/53 23, www.almhof-kroeller.at) ideal. In **Birkfeld,** Steiermark, erkunden Könner auf dem Rücken von Shagya-Arabern die wildromantische Landschaft (Tel. 0 31 74/31 09). Trekkingtouren sind z. B. der **Große Tauern Treck** ab Matrei (Tourismusverband, Tel. 0 48 75/65 27, www.matrei.at) oder **Pferd Alpin** am Großvenediger (5741 Neukirchen, Tel. 0 65 65/66 30). Ein Netz von 450 km Reitwanderwegen bietet das Mühlviertel. Für Wanderreittouren wende man sich an den **Wanderreithof Kern** (4273 Unterweißenbach, Tel. 0 79 56/7 10 10, www.wanderreiter.at).

Wildwasser

Motion (Tel. 0 65 88/75 24) in Lofer: Kajakkurse, Rafting, Flusswandern.
Crazy Eddy (Tel. 0 52 63/55 83, www.crazy-eddy. com) in Silz (Tirol): Canyoning, Riverrafting.
Raft Camp Pristavec (Tel. 0 47 82/27 27, www.sporterlebnis.at) in Obervellach (Kärnten): Rafting, Hydrospeed, Flusswandern.

Segeln und Surfen

Der nicht überlaufene Plansee in Tirol ist ein ideales Surfrevier. Auch die Seen des Salzkammerguts bieten gute Möglichkeiten, Segel- und Surfschulen gibt es in St. Gilgen und Strobl am Wolfgangsee, in Fuschl am Fuschlsee. Am Neusiedler See bauen sich wegen der geringen Wassertiefe auch bei starkem Wind kaum Wellen auf. Das Zentrum der Surfer ist dort Podersdorf.

Skifahren

Wer ein sportliches Gebiet mit viel Après-Ski-Action sucht, findet das in der **Europa Sportregion Zell am See** und in **Saalbach/Hinterglemm.** Ohne Starallüren geht es in **Schröcken/Warth** oder bei der **Hochkönig-Skischaukel** zu. Wem es mehr um ein Naturidyll plus schöner Skigebiete geht, ist im **Bregenzerwald** bestens aufgehoben. Familienferien macht man am besten im **Tennengau,** im steirischen **Murau** mit den Gebieten Kreischberg und Lachtal, im kärntnerischen **Innerkrems** und im Tiroler **Gschnitztal.**

Unterkunft

Hotels, Gasthöfe und Privatquartiere gibt es so gut wie in jedem Ort in Österreich. Für die Hauptsaison empfiehlt es sich, rechtzeitig zu reservieren. Einige Hotels und Gasthöfe haben sich in speziellen Angebotsgruppen zusammengeschlossen: »Schlank & Schön« heißen Arrangements für Wellness und Beauty (s. S. 8 f.); »Kinderhotels Österreich« nennen sich jene Hoteliers, die wissen, dass die Eltern gerne wiederkommen, wenn ihre Kinder einen unvergesslichen Urlaub erlebt haben (www.kinderhotels.com), und das Programm »Dorfurlaub« bietet Ferien abseits der Touristenzentren an.

Informationsmaterial und Unterkunftsverzeichnisse erhält man schon vor der Reise bei der **Österreich Information** (s. S. 100). Wer sich bereits für einen Urlaubsort entschieden hat, kann sich vom dortigen Tourismusbüro Verzeichnisse und Unterlagen zuschicken lassen.

Stimmungsvoll wohnt man in **Burgen** und **Schlössern.** Das Buch »Gotha« (Gotha österreichischer Schlosshotels, 5020 Salzburg, Ferdinand-Hanusch-Platz 1) dient der Urlaubsvorbereitung.

Wer den Urlaub gerne auf einem **Bauernhof** verbringen will, hat eine große Auswahl an entsprechenden Adressen. Verzeichnisse findet man unter www.farmholidays.com oder bei der Österreich Information (s. S. 100).

Österreichs **Campingplätze** werden vom ADAC regelmäßig als mustergültig bezeichnet. Verzeichnisse sind ebenfalls bei der Österreich Information (s. S. 100) erhältlich.

Reisewege

In Österreich sind auf Autobahnen 130 km/h erlaubt (Inntalautobahn 22–6 Uhr 110 km/h). Auf Landstraßen beträgt die Höchstgeschwindigkeit 100 km/h, im Ort 50 km/h. Es wird häufig kontrolliert – meist mit Sofortkasse! Es gilt die 0,5-‰-Grenze.

Alle österreichischen Autobahnen sind mautpflichtig. Vignetten (für 10 Tage, zwei Monate oder ein Jahr) gibt es an Raststätten und Tankstellen in Grenznähe sowie beim ADAC. Mautpflicht besteht auch auf der Felbertauernstraße, der Tauernautobahn, dem Karawankentunnel, der Großglockner- und Timmelsjoch-Hochalpenstraße, dem Arlberg-Tunnel, der Brennerautobahn, der Gerlosstraße und der Phyrn-Autobahn sowie auf einigen kleineren Bergstrecken. Wintersperren betreffen u. a. die Silvretta-Hochalpenstraße, die Großglockner-Hochalpenstraße und die Strecke Lech–Warth.

Pannendienste unterhalten der ÖAMTC (Tel. 120) und der ARBÖ (Tel. 123).

Das Netz der **Österreichischen Bundesbahn** (ÖBB) ist zwar nicht flächendeckend, aber **Bundes- und Postbusse** (www.postbus.at) verbinden Bahnstationen selbst mit abgelegenen Alpentälern und kleineren Dörfern. Informationen: ÖBB, Tel. (01) 58 00 oder (05) 17 17, www.oebb.at. Über die vielen Ermäßigungen und das Kombinationsangebot Bahn & Schiff informieren aber alle ÖBB-Schalter.

Flughäfen gibt es in Salzburg, Innsbruck, Graz, Klagenfurt, Linz und Wien. Von Deutschland bzw. der Schweiz fliegen Lufthansa, Austrian Airlines, Tyrolean Airways und Swiss nach Österreich.

Karte Seite 30

2 ***Wien

Zwischen Mittelalter und Moderne

»Strandgutstadt« nannte Ingeborg Bachmann die Metropole. »Denn Länder wurden an sie geschwemmt und Güter aus anderen Ländern: die Kreuzstichdecken der Slowaken (...), die Eierkörbe der Bulgaren und ein aufsässiger Akzent aus Ungarn.« Mit der Ost-West-Annäherung ist Wien wieder ins Zentrum Mitteleuropas gerückt. Moderne Kultur lebt hier neben dem Opernball, den Lipizzanern, dem melancholischen Nachhall großer Epochen und einer liebenswerten Wiener Schrulligkeit. Ungebührliche Hektik und polternde Lebensfreude sind dem Wiener fremd. Nicht dass er pessimistisch wäre, im Gegenteil: Seine melancholische Freud' am Tod ist die verfeinerte Form, das Leben nicht ernst zu nehmen.

Geschichte

Im 1. Jh. erwuchs aus dem Militärlager Vindobona eine römische Zivilstadt, die bestand, bis die Römer 433 das Pannonische Becken an die Hunnen abtreten mussten. 881 wurde »Wenia« erstmals erwähnt. Es erlangte zur Zeit der Kreuzzüge als Verkehrsknotenpunkt Bedeutung und entwickelte sich durch seine Lage an der Donau und den Handelsweg der Bernsteinstraße zum wirtschaftlichen Zentrum.

Im 17. Jh. avancierte der Sitz der Habsburger Kaiser zu einer glanzvollen Barockstadt. Die Musikbegeisterung der Bewohner machte Wien im 18. Jh. zum musikalischen Mittelpunkt Europas. Durch Metternichs restriktive Haltung gegenüber allen kritischen Denkern versank die österreichische Hauptstadt zwischen 1821 und der Märzrevolution 1848 in kultureller Belanglosigkeit. Während der langen Regierungszeit von Kaiser Franz Joseph (1848–1916) verwandelte sich Wien grundlegend: 1857 fielen die Befestigungsanlagen, die Ringstraße entstand anstelle der Bastionen, Vorstädte wurden eingemeindet, die Stadt wuchs. Bombardements im Zweiten Weltkrieg zerstörten 30 % der Bausubstanz, doch das ist Vergangenheit: Die Stadt im Herzen Europas ist heute eine weltpolitische Drehbühne.

Die Innere Stadt

Die Würde des ***Stephansdoms ❶ wird vom Trubel der Inneren Stadt wenig beeinträchtigt. Ottokar II. ließ anstelle eines Vorgängerbaus 1260 eine romanische Basilika erbauen, die zwischen 1304 und 1450 einen gotischen Chor und ein spätgotisches Langhaus erhielt. Allein die Umrundung des gewaltigen Baukörpers kommt einem Museumsbesuch gleich: spätromanischer Figurenschmuck am Riesentor, Steinmetzarbeiten der Hochgotik am Singer- und am Bischofstor. Besonders wertvoll im Innern ist die spätgotische Kanzel (1515) von Anton Pilgram, der sich selber am Kanzelfuß als »Fenstergucker« verewigt hat. Der Besucher hat die Möglichkeit, an Katakombenführungen teilzunehmen, eine Turmauffahrt auf den Nordturm zu unternehmen oder über 343 Stufen auf den Südturm zu klettern. Welch ein Kontrast, wenn man aus der Düsternis des Doms plötzlich wieder ans Tageslicht tritt, womöglich geblendet von irisierenden Spiegelungen in der Fassade des **Haas-Hauses. Graben** und **Kohlmarkt** lassen die imperiale Vergangenheit aufleben. Wer hier spa-

Karte Seite 30

Der Prunksaal in der Nationalbibliothek am Josefsplatz

zieren geht, kann sich in die k. k. Zeit versetzen, als Hoflieferanten wie die Konditorei Demel mühelos allein von Blut- und Geldadel leben konnten.

Am Michaelerplatz steht das schlichte **Looshaus ❷**, ganz den Maximen einer geradlinigen, ornamentlosen Architektur verpflichtet, in eigentümlichem Kontrast zum Prunk der ***__Hofburg__ ❸**. Sie ist in mehrere von Höfen unterbrochene Abschnitte gegliedert: Im Michaelertrakt liegen die Hoftafel- und Silberkammer und die **Kaiserappartements, der private Wohntrakt von Franz Joseph und seiner Sisi. Hier befindet sich auch ein Sisi-Museum. Vom kleinen Schweizerhof geht es links in die *Burgkapelle, in der die Wiener Sängerknaben ihre klaren Stimmen hören lassen. Rechts gelangt man in die beeindruckende ***Schatzkammer, die kirchliche Preziosen und Insignien der Kaisermacht zeigt, u. a. die Kaiserkrone aus dem 10. Jh., die schon Otto der Große getragen haben soll. Die Neue Hofburg wurde erst 1913 vollendet.

Um das herrliche Barockensemble des **Josefsplatzes ❹** gruppieren sich beeindruckende Gebäude: Die Stallburg ist Wiens einziger reiner Renaissancebau. Hier residieren Lipizzaner in blitzsauberen Ställen. Rösser und Reiter zeigen klassische Reitkunst nebenan in der Winterreitschule (So nur über Vorverkauf; Di–Fr 10–12 Uhr, ab 9 Uhr am Tor 2 Eingang Josefsplatz anstellen). Die Längsfront des Platzes wird von der **Nationalbibliothek** eingenommen. Schon 1579 zwangen die Habsburger alle Buchhändler, Pflichtexemplare abzuliefern, zudem fügten sie u. a. Sammlungen der Fugger, Prinz Eugens und diverser Klöster hinzu. Das Ergebnis sind rund 2 Mio. Bücher und 40 000 Handschriften.

An der Südostseite des Platzes führt eine unauffällige Tür in die ***Augustinerkirche.** Die barocke Ausstattung der gotischen Hallenkirche wurde im 18. und 19. Jh. bei einer Regotisierung entfernt. In der Loretokapelle werden die Urnen mit den Herzen der bedeutendsten Habsburger bewahrt. Ihre Eingeweide befinden sich in der Gruft des Stephansdoms, während die Körper von zwölf Kaisern, 15 Kaiserinnen und 100 Erzherzögen in

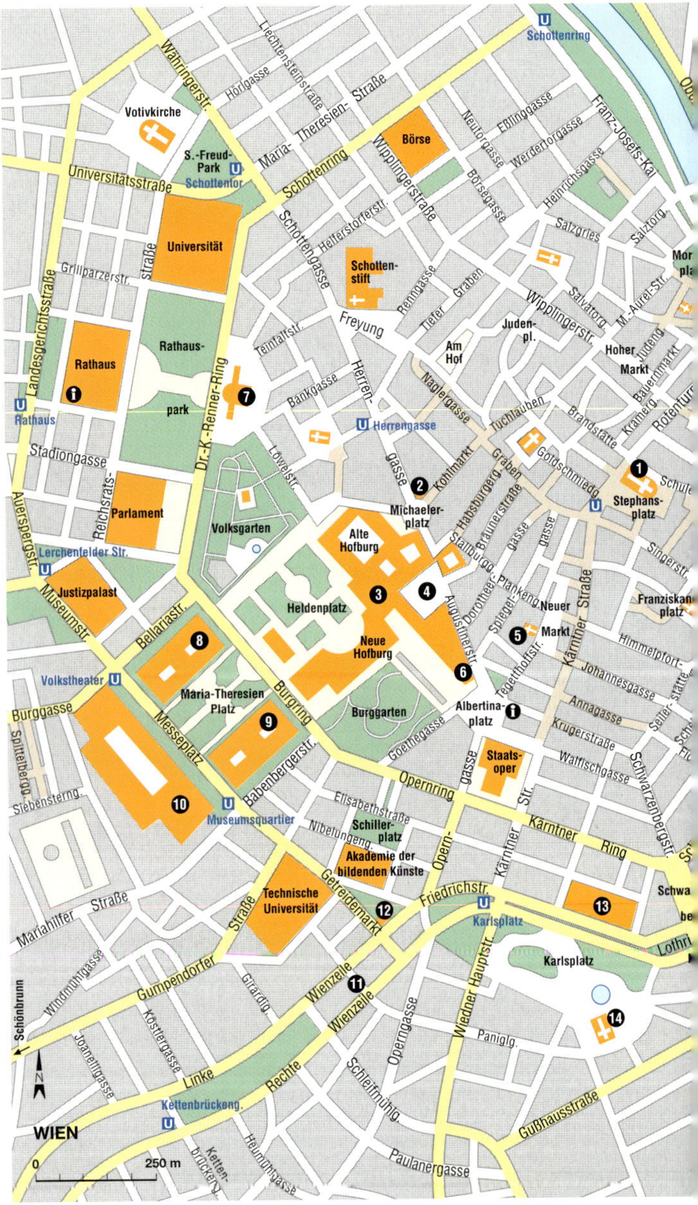

WIEN
0
250 m
Votivkirche
S.-Freud-Park
Schottentor
Universitätsstraße
Universität
Rathaus
Rathauspark
Parlament
Justizpalast
Volksgarten
Heldenplatz
Alte Hofburg
Neue Hofburg
Maria-Theresien-Platz
Burggarten
Albertinaplatz
Staatsoper
Börse
Schottenstift
Am Hof
Judenpl.
Hoher Markt
Stephansplatz
Michaelerplatz
Neuer Markt
Franziskanerplatz
Schillerplatz
Akademie der bildenden Künste
Technische Universität
Karlsplatz
Schottenring
Herrengasse
Rathaus
Lerchenfelder Str.
Volkstheater
Museumsquartier
Kettenbrückeng.
Schönbrunn

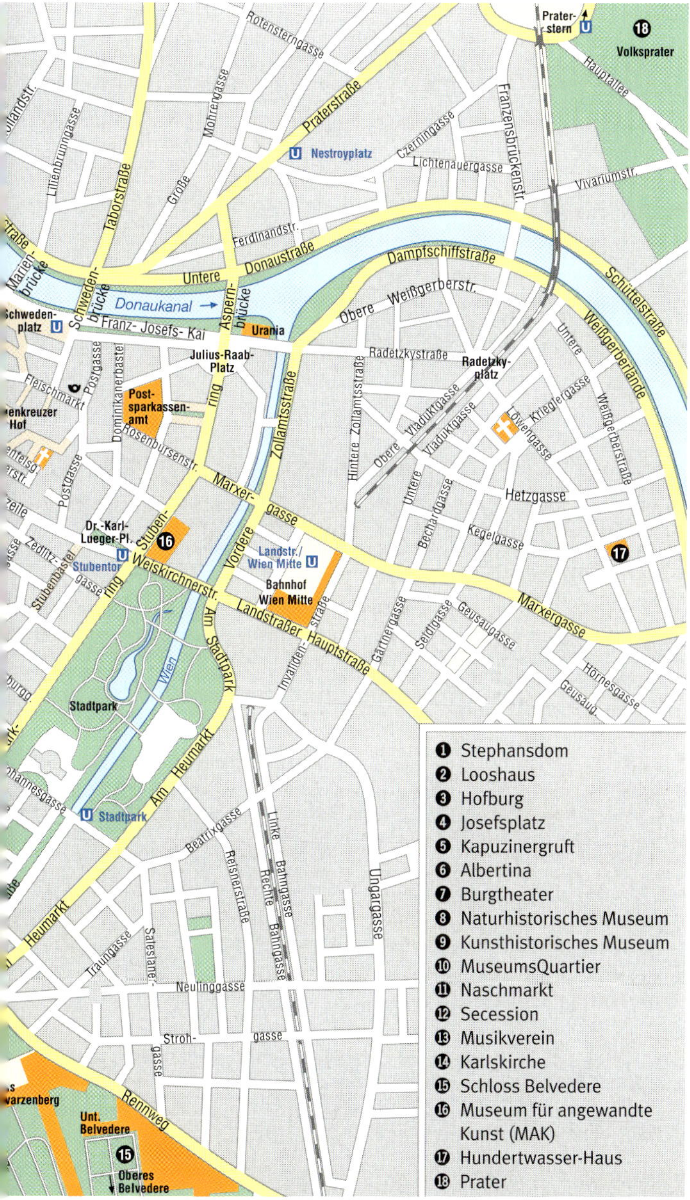
Rotensterngasse
Praterstraße
Prater-
stern
Volksprater
Hauptallee
Mohrengasse
Große
Lilienbrunngasse
Taborstraße
Nestroyplatz
Czerningasse
Lichtenauergasse
Franzensbrückenstr.
Vivariumstr.
Ferdinandstr.
Untere
Donaustraße
Dampfschiffstraße
Schüttelstraße
Marien-
brücke
Schweden-
brücke
Donaukanal
Aspern-
brücke
Schweden-
platz
Franz- Josefs- Kai
Urania
Obere
Weißgerberstr.
Julius-Raab-
Platz
Radetzkystraße
Radetzky-
platz
Weißgerberlände
Untere
Fleischmarkt
Postgasse
Dominikanerbastei
Post-
sparkassen-
amt
Rosenbursenstr.
ring
Zollamtsstraße
Hintere Zollamtsstraße
Obere
Viaduktgasse
Viaduktgasse
Kriegelgasse
Löwengasse
Weißgerberstraße
Hetzgasse
Marxer-
gasse
Untere
Bechardgasse
Kegelgasse
Dr.-Karl-
Lueger-Pl.
Stuben-
Stubentor
Zedlitz-
gasse
Stubenbastei
Weiskirchnerstr.
Landstr./
Wien Mitte
Bahnhof
Wien Mitte
Vordere
Landstraßer Hauptstraße
Invaliden-
straße
Gärtnergasse
Seidlgasse
Geusaugasse
Marxergasse
Hörnesgasse
Geusaug.
Am Stadtpark
Wien
Stadtpark
Am Heumarkt
Johannesgasse
Stadtpark
Beatrixgasse
Reisnerstraße
Linke Bahngasse
Rechte Bahngasse
Ungargasse
Heumarkt
Traungasse
Salesianer-
gasse
Neulinggasse
Stroh-
gasse
Rennweg
Unt.
Belvedere
Oberes
Belvedere
❶ Stephansdom
❷ Looshaus
❸ Hofburg
❹ Josefsplatz
❺ Kapuzinergruft
❻ Albertina
❼ Burgtheater
❽ Naturhistorisches Museum
❾ Kunsthistorisches Museum
❿ MuseumsQuartier
⓫ Naschmarkt
⓬ Secession
⓭ Musikverein
⓮ Karlskirche
⓯ Schloss Belvedere
⓰ Museum für angewandte Kunst (MAK)
⓱ Hundertwasser-Haus
⓲ Prater

Karte Seite 30

der **Kapuzinergruft** ❺ in der Kapuzinerkirche, unweit vom Josefsplatz am Neuen Markt gelegen, ruhen.

Nicht versäumen sollte man nur wenige Schritte entfernte, 2003 wiedereröffnete **Albertina** ❻ mit der weltberühmten Sammlung des Herzogs Albert von Sachsen-Teschen. Die größte grafische Sammlung der Welt umfasst Zeichnungen, Gemälde und Grafiken fast aller großer Künstler von Gotik bis Moderne, darunter einen besonders bemerkenswerten Bestand von Werken Albrecht Dürers. Tägl. 10–18, Mi bis 21 Uhr.

Zurück in der Burg, erreicht man durch den schattigen Volksgarten das ***Burgtheater** ❼, ein typisches Beispiel der Ringstraßenbebauung: Der Monumentalstil der zweiten Hälfte des 19. Jhs. adaptierte einfach historische Stile.

Zwei Neo-Renaissancebauten flankieren den Maria-Theresia-Platz: Das **Naturhistorische Museum** ❽ beherbergt u. a. Exponate aus der Hallstattzeit wie die »Venus von Willendorf«. Das ***Kunsthistorische Museum** ❾ zählt zu den bedeutendsten Europas. Es bietet einen Querschnitt durch die Geschichte europäischer Malerei (Rubens, Rembrandt, Breughel d. Ä., Dürer, Raffael, Tizian, Bosch u. a.).

In den ehemaligen Hofstallungen hinter dem Maria-Theresia-Platz liegt das ***MuseumsQuartier** ❿ mit dem **Museum Moderner Kunst**, dem **Leopold Museum** und kleineren Museen wie **Architekturzentrum** und **ZOOM Kindermuseum**.

Am Ring entlang

Beginnen Sie genüsslich am ***Naschmarkt** ⓫: Von Erdäpfeln – wie die Kartoffeln hierzulande heißen –, über Dönerkebab bis hin zu asiatischen Wurzeln ist hier alles zu haben.

An der Ecke Getreidemarkt ist die ***Secession** ⓬ ein in Architektur gebanntes Manifest. Das Credo der Künstlergruppe um Gustav Klimt (s. S. 20) prangt über dem Portal: »Der Zeit ihre Kunst. Der Kunst ihre Freiheit.« Der 1896 eröffnete **Musikverein** ⓭ ist mit allen Attributen gesegnet, die der Secession ein Greuel waren: antikisierende Statuen und ein üppig dekorierter Großer Saal, der allerdings über eine hervorragende Akustik verfügt.

Die ****Karlskirche** ⓮, von Johann Bernhard Fischer von Erlach und seinem Sohn Joseph Emanuel erdacht, gilt als Wiens schönster Barockbau. Ungewöhnlich ist die Kombination von Architekturelementen aus verschiedenen Kulturkreisen: Die Mittelfront hat sich die Akropolis zum Vorbild genommen, die Seitenkapellen adaptieren stilistisch die italienische Renaissance, die Triumphsäulen islamische Minarette.

****Schloss Belvedere** ⓯ diente Prinz Eugen von Savoyen als Residenz. Am französischen Hof Louis XIV. verlachte man das Ansinnen des Prinzen, in den Kriegsdienst eintreten zu wollen. Viel zu klein sei er! Die Österreicher jedoch taten gut daran, den späteren Türkenbezwinger anzustellen. Prinz Eugen war ein gewiefter Taktiker und Vertrauter an drei Kaiserhöfen. 1714 ließ er das **Untere Belvedere als Sommerwohnsitz, 1721 das **Obere Belvedere als würdigen Rahmen für seine repräsentativen Pflichten erbauen. Heute sind im Unteren Belvedere ein Barockmuseum mit original eingerichteten Räumen untergebracht und im Oberen die Österreichische Galerie des 19. und 20. Jhs. mit Gemälden von Schiele, Klimt, Kokoschka u. v. a.

Karte Seite 31

Die Karlskirche

Das ****Museum für angewandte Kunst (MAK)** ⑯, eines der interessantesten Kunstmuseen Europas, zeigt Arbeiten von Klimt, Stühle von Thonet und zeitgenössisches Design. Ein Besuch am bunten, begrünten und mit Kuppeln bestückten **Hundertwasser-Haus** ⑰ Ecke Löwen- und Kegelgasse darf nicht fehlen: 1985 gestaltete der Maler 50 Appartements nach seinen Vorstellungen von lebenswertem Wohnen.

*Prater ⑱

Hier treffen sich Einheimische wie Touristen. Neben modernen Fahrgeschäften erhebt sich das 1897 vom englischen Ingenieur Walter Basset errichtete, fast 67 m hohe Riesenrad. Der Prater ist auch eine ausgedehnte Parklandschaft vom Praterstern im II. Bezirk bis zum III. Bezirk, wo im 17. Jh. weit vor der Stadt die Gerber ihrem Gewerbe nachgingen.

***Schloss Schönbrunn

Nach den verheerenden Türkenkriegen war Schloss Schönbrunn, die Sommerresidenz der Habsburger, gänzlich verwüstet. Johann Bernhard Fischer von Erlach erstellte Ende des 17. Jhs. Pläne für einen Wiederaufbau, der Versailles in den Schatten stellen sollte. Das Schloss fiel dann doch beträchtlich kleiner aus und wurde später im Stil des Rokoko modifiziert.

Wenn man gegen 8 Uhr den weitläufigen Park betritt und an der Römischen Ruine vorbei zur klassizistischen Säulenhalle ****Gloriette** steigt, kann man den Blick über Schloss und Stadt in Ruhe genießen.

Zudem kann man im Park die **Wagenburg**, das monumentale **Palmenhaus** und Österreichs ersten **Tiergarten** (1752) besuchen. Im Schloss sind 40 der 1441 Zimmer zugänglich, darunter das Schlaf- und Arbeitszimmer von Kaiser Franz Joseph und seiner Frau Elisabeth, das Vieux-Laque-Zimmer, das Millionenzimmer und die Große Galerie (tgl. 8.30–16.30 Uhr, Führungen, für Kinder Sa/So 10.30, 14.30 Uhr, Anmeldung Tel. 01/8 11 13/2 39.

Infos

Tel.-Vorwahl 01

Tourist Information, Albertinaplatz 1, Tel. 21 11 40, Fax 216 84 92; www.wien.info; http://info.wien.at; tgl. 9–19 Uhr.
Flughafen: Schwechat, 19 km südöstl., Tel. 70 07. Shuttle-Bus u. S 7 ins Zentrum (40 Min.).
Öffentlicher Nahverkehr: Wien hat fünf U-Bahnlinien, zudem S-Bahnen, Straßenbahnen und Busse.
Eine 24-Stunden-Karte kostet 5 €.

Die Tourist Information verkauft die **Wien Card** (16,90 €). Mit ihr kann man 72 Std. alle öffentlichen Verkehrsmittel benutzen und erhält Ermäßigung in vielen Museen.

Karte Seite 30

Das Triest, IV., Wiedner Hauptstr. 12, Tel. 5 89 18-0, Fax 5 89 18 18, www.dastriest.at. Conrans Designerhotel in zentralster Lage, tolles Frühstücksbuffet. ❍❍❍

▮ **König von Ungarn,** I., Schulerstr. 10, Tel. 51 58 40, Fax 51 58 48, www.kvu.at. Intimes und luxuriöses Haus mit glasdüberdachtem Innenhof nahe Stephansdom. ❍❍❍

▮ **Wandl,** I., Petersplatz 9, Tel. 534 55-0, Fax 5 34 55 77, www.hotel-wandl.com. Kleines Hotel in zentraler Lage mit Blick auf den Stephansdom, günstig. ❍❍

Korso, im Hotel Bristol, I., Mahlergasse 2, Tel. 51 51 65 46. Neue österreichische Küche vom feinsten. Sa nur abends, sonst Küche von 12–14 u. 19–23 Uhr. ❍❍❍

▮ **Meinl am Graben,** I., Graben 19, Tel. 5 32 33 34-35. Gilt inzwischen als die beste Küche Wiens. ❍❍❍

▮ **Ubl,** IV., Pressgasse 26, Tel. 5 87 64 37. Uraltes Interieur, bodenständige Küche und kleiner Garten: gemütlich. ❍❍

▮ **Pfudl,** I., Bäckerstr. 22, Tel. 5 12 67 05. Die Wiener Charaktere aus Büchern und Fernsehen gibt's wirklich! Tgl. geöffnet. ❍

▮ **Cafe Blaustern,** IX., Döblinger Gürtel 2, Tel. 3 69 65 64. Viele trendy people. Tgl. geöffnet. ❍

▮ **Liebstöckl,** IXX., Sandgasse 12, Tel. 3 28 83 10. Wiener Küche in einem neuen Lokal in Grinzing. ❍

Flex, I., Donaulände/Augartenbrücke. Der beste Club der Stadt – direkt am Donaukanal.

Die besten Infos enthält das Stadtmagazin »Falter«.

▮ Tickets für Musicals: **Wien Tickets,** Linke Wienzeile 6, Tel. 5 88 85, Fax 5 88 30 33, www.musicalvienna.at

▮ Tickets für Oper, Theater, Kabarett und Großveranstaltungen versendet **Ticket Express,** Heumühlgasse 11, Tel. 9 60 96.

Wien ist ein Einkaufsparadies: Jugendstil- und Designerlampen bei **Karolinsky,** Singerstr. 16; Antiquitäten im Auktionshaus **Dorotheum,** Dorotheergasse 17; Trödel auf dem **Flohmarkt** am Südende des Naschmarkts (Sa 9–18 Uhr); Porzellan im Shop der **Porzellanmanufaktur Augarten,** Stock-im-Eisen-Platz; jüdisches Kunsthandwerk im **Judaica-Center,** Hollandstr. 12; Bücher bei **Morawa,** Wollzeile 11; Verrücktes bei **Fun K Art,** 6., Mariahilferstr. 77, z. B. aufblasbare Eierbecher.

Die Kneipenszene

Mitte der 1970er Jahre begannen findige Leute, im I. Bezirk mit Kneipen und Kulturinitiativen Bohemiens – und solche, die sich dafür hielten – anzuziehen. Heute ist das Dreieck zwischen Seitenstettengasse, Judengasse und Rabensteig als Bermudadreieck bekannt. Wiener und Gäste treffen sich in unheilvollen Absturzkneipen, wie z. B. im **Krah Krah** (Rabensteig 8, tgl. 11–2 Uhr) zu Bier in allen Variationen und Schwarzbrottoast oder zu Livemusik bei **Porgy & Bess** (Riemergasse 11).

Nette Beisl mit Schanigärten – so nennt man die kleinen Wirtshäuser mit ihren Tischen im Freien – gibt es in den engen Biedermeiergassen am Spittelberg, Szenekneipen findet man vor allem im VIII. Bezirk um die Josefstädter Straße.

Karte Seite 36

3 ***Salzburg

Die schmucke Festspielstadt

»Es liegt halbwegs zwischen dem nördlichen Deutschland und dem lombardischen Italien (...) zwischen Berg und Ebene, zwischen dem Heroischen und dem Idyllischen (...), dem Uralten und dem Neuzeitlichen« – so begründete Hugo von Hofmannsthal 1919, warum er ausgerechnet Salzburg als Festspielstadt auserkoren hatte. Die Beschreibung trifft immer noch zu, wenn man einiges hinzufügt: Mozartkommerz, Touristenströme, Fiakerfahrer, die ihre Kundschaft lieber gleich auf Englisch anreden, und Salzburger, die den Rummel ganz unerträglich finden und doch nirgendwo sonst auf der Welt leben wollen.

Geschichte

Schon die Römer waren von diesem Platz bezaubert: Juvavum, »Sitz des Himmelsgottes«, nannten sie den Ort, wo sich das heutige Salzburg befindet. Mit dem Untergang des römischen Weltreichs verfiel die Stadt, und erst als der hl. Rupert Ende des 7. Jhs. von hier aus seine Missionierungstätigkeit begann, kam neues Leben nach Salzburg. 739 wurde ein Bistum begründet, das Ausgangspunkt für die Christianisierung der Alpentäler und des mittleren Donauraums wurde.

Fürsterzbischöfe lenkten im Verlauf der Jahrhunderte die Geschicke der Stadt. Salz und Gold waren die Quellen des Reichtums dieser Männer, die weltliche und geistliche Macht in einer Person vereinten. Die Einkünfte machten es möglich, die enge mittelalterliche Stadt mondän nach italienischem Vorbild umzugestalten. Das Volk allerdings empfand das Wirken des Erzbischofs Wolf Dietrich von Raitenau alles andere als positiv. »Wolf im Purpurpelz« nannten sie den Mann, der ihre mittelalterliche Geborgenheit schleifen ließ und ganze Straßenzüge seiner Großmannssucht opferte.

Im Zentrum

Einen guten Überblick über die Stadt bietet die Feste **Hohensalzburg ❶. Die 120 m Höhenunterschied kann man zu Fuß oder mit der Seilbahn ab der Festungsgasse überwinden. Tafeln an den Außenmauern der zwischen 1060 und 1519 entstandenen Burganlage kommentieren die verschiedenen Festungsteile, die Innenräume sind nur mit einem Führer zugänglich. Die Walzenorgel der Burg, der »Salzburger Stier«, schallt täglich als Antwort auf das Glockenspiel um 7, 11 und 18 Uhr zu den Häusern hinunter.

Der Italiener Santino Solari plante 1657 den **Dom ❷**, den ersten im italienischen Stil im süddeutschen Raum. Mit seinen Doppeltürmen wurde er zum Vorbild für viele Kirchen in der Region. Ein Durchgang führt vom Domplatz zum angrenzenden ***Residenzplatz ❸**, an dessen Ostseite das Residenz-Neugebäude steht; sein Glockenspiel wird zu denselben Uhrzeiten in Gang gesetzt wie der »Stier«. Erzbischof Wolf Dietrich ließ das Neugebäude 1588 als repräsentatives Gästehaus erbauen und mit aufwändigen Stuckarbeiten versehen, die in dieser Form nördlich der Alpen bis dahin unbekannt waren. Auch der barocke Brunnen aus Untersberger Marmor überraschte die Salzburger: Atlanten, Delphine und Rösser waren zu seiner Erbauungszeit (1661) eine neue Kombination.

Karte Seite 36

Die eigentliche fürstbischöfliche **Residenz ❹** trägt ein spätbarockes Gewand; die Innenräume sind im Rahmen von Führungen zugänglich. Die Residenzgalerie mit europäischer Malerei des 16.–19. Jhs. ist eine Attraktion für Kunstfreunde.

Zu Füßen des lang gezogenen Mönchsbergs liegt die weitläufige Anlage von **Stift St. Peter ❺**, der Keimzelle Salzburgs. Von hier aus organisierten die ersten Bischöfe ihre Missionierungstätigkeit. Die Katakomben des Petersfriedhofs sollen schon von Christen in der Spätantike in den Fels gehauen worden sein.

Stilisierte Pferdedecken hängen aus den Fenstern des ***Rupertinums ❻**, gegenüber den **Festspielhäusern,** in denen die Salzburger Festspiele stattfinden. Oder sind es doch Zungen, die Friedensreich Hundertwasser symbolisch der Stadt Salzburg herausstreckt? In den 1980ern war das Gebäude ein Skandal, heute gilt es als Sehenswürdigkeit. In der Galerie im Inneren befinden sich u. a. Kokoschkas druckgraphisches Werk sowie

❶ Hohensalzburg
❷ Dom
❸ Residenzplatz
❹ Residenz
❺ Stift St. Peter
❻ Rupertinum
❼ Mozarts Geburtshaus
❽ Mozarts Wohnhaus

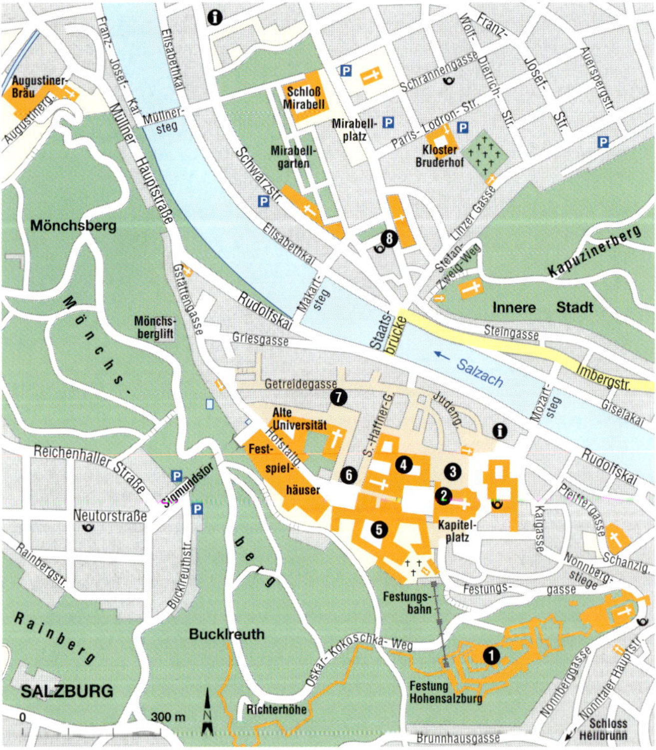

Karte Seite 36

Arbeiten von Kirchner, Nolde, Schiele und Kubin.

Mit der berühmten Flaniermeile **Getreidegasse** ist das mittelalterliche Salzburg erreicht, und ungeachtet der Touristenströme hat die bereits 1363 erwähnte Gasse Charme! **Mozarts Geburtshaus** ❼ lässt kein Besucher aus. Am 27. 1. 1756 wurde das Wolferl hier geboren, ging aber schon mit sechs Jahren als Wunderkind zusammen mit dem Vater und Schwester Nannerl auf Konzerttournee. 1773 wechselte die Familie das Quartier und bezog auf der anderen Salzachseite ***Mozarts Wohnhaus** ❽. Das im Zweiten Weltkrieg zerstörte Gebäude am Makartplatz 8 wurde aufwändig renoviert, eine inte-ressante Multivisionsschau zeichnet Mozarts Leben nach.

Das **Salzburger Marionettentheater** führt Mozartopern en miniature auf (Programm und Reservierung Tel. 06 62/8 72 40 60).

Ausflug

Markus Sittikus ließ sich 1650 ***Schloss Hellbrunn** nach dem Typus der italienischen »villa suburbana« erbauen. Wer ehedem das Schloss Hellbrunn besuchte, musste sich vorsehen. Der Erzbischof liebte es, in den Gartenanlagen des manieristischen Lustschlosses seine Gäste zu erschrecken: Ohne Vorwarnung schossen Wasserfontänen aus den steinernen

Salzburgs Petersfriedhof klebt an den Felsen des Mönchsbergs

Sitzgelegenheiten im römischen Theater oder aus den Wänden in den künstlichen Grotten. Touristen seien gewarnt: Die Wasserspiele funktionieren auch heute noch!

Infos

Tel.-Vorwahl 06 62.

i Mozartplatz 5, Tel. 8 89 87 3 30, Fax 8 89 87-32, www.salzburginfo.at.

Flughafen: 4 km südwestlich; Airport-Hotel-Shuttle und Buslinie 77. Infos unter Tel. 83 20 10.
Verkehr: In Salzburg gibt es wenig Parkmöglichkeiten. Benutzen Sie die P+R-Plätze:
P+R Süd, Alpenstraße, 300 Plätze, von dort Bus 51 oder 95 in die Innenstadt; P+R Salzburger Ausstellungszentrum, 2600 Plätze, von dort Shuttle im Juli/August in die Innenstadt; Parkplatz an der Petersbrunnstraße, von dort Citybus.

Karte Seite 36

Elefant, S.-Haffner-Gasse 4, Tel. 84 33 97, Fax 84 01 09 28, www.elefant.at. Traditionsreiches Haus mit ausgezeichnetem Service in bester Lage. ❍❍❍

▮ **Blaue Gans,** Getreidegasse 43, Tel. 84 24 91-0, Fax 84 24 91-9, www.blauegans.at. Neu renoviertes Art Hotel, mitten in der Altstadt gelegen. ❍❍

Die Weiße, Rupertgasse 10, Tel. 87 22 46. Weißbierbrauerei mit Garten, österreichische Küche. In der Nebensaison So geschl. ❍❍

▮ **Kuglhof,** Kugelhofstr. 13, Tel. 83 26 26. Rustikales Buffet im Biergarten, preiswerter Mittagstisch (❍) und gehobene regionale Küche am Abend (❍❍).

Stiegl's Brauwelt: Führungen (ab 15 Personen) mit anschließender Verkostung durch das Museum der Salzburger Traditionsbrauerei (Kendlerstr. 1, Tel. 83 87-1492, Mi–So 10–17 Uhr).

Kammermusik-Konzerte in Schloss Mirabell, in der Residenz (Tel. 84 85 86) sowie im Fürstenzimmer der Feste Hohensalzburg (Tel. 8 25 85 80). Die Steingasse und ihre Parallelstraßen zum Rudolfskai markieren das Kneipenviertel. Beliebt sind **Andreas Hofer,** Steingasse 65, und **Saitensprung,** Steingasse 11.

Paul Fürst hat die Ur-Mozartkugel vor mehr als hundert Jahren erfunden. Sein Urenkel Norbert gibt sich und anderen noch heute im **Café Fürst** (Brodgasse 13) die Kugel! Hier rollt man die berühmten Pralinen noch von Hand. Geschnitztes, Stoffe und Trachten erhält man im **Salzburger Heimatwerk,** Residenzplatz 9.

4 **Graz

Österreichs heimliche Liebe

Der Slogan trifft den Kern: Keiner spricht seine Zuneigung zu Graz laut und vernehmlich aus, und die südlich-heitere Stadt freut sich darüber – sind doch Liebeserklärungen der leisen Töne meist die ehrlicheren. Eine seltene Mischung macht die Anziehungskraft der steirischen Hauptstadt aus: mittelalterliche Bauten, mediterranes Leben und kein übertriebenes Buhlen um die Gunst der Touristen. Bei Kernölsalat und Schilcher kommt ein buntes Völkchen in Restaurants und Buschenschanken zusammen – die Schicken, die Alternativen, Gäste und Altgrazer.

Im Zentrum

Stühle, Tische und bunte Sonnenschirme offenbaren, dass Graz eine Stadt der Straßencafés und Beisln ist. Der **Franziskanerplatz** ❶ ist einer der vielen Treffpunkte der Grazer. Das **Landhaus** ❷ in der Herrengasse, Graz' schönster Renaissancebau, war seit 1494 Versammlungsort der steirischen Landstände. Der Innenhof wurde von Domenico dell'Allio geschaffen. Das ***Landeszeughaus** ❸ bewahrt eine umfangreiche Waffensammlung aus der Zeit der Türkenkriege. Über die Herrengasse geht es zum **Hauptplatz** ❹, dessen Südseite das 1893 fertig gestellte Rathaus einnimmt; am auffälligsten ist das Haus am Luegg (Ecke Sporgasse). Auf dem Platz herrscht jeden Tag reges Markttreiben.

Die Sporgasse führt zum 473 m hohen **Schlossberg,** der nicht nur Aussichtsberg, sondern auch ein herr-

Karte Seite 40

licher innerstädtischer Park ist. Der 28 m hohe **Uhrturm** ❺ am Berg wurde 1809 von Grazer Bürgern angekauft, um ihn vor dem Abriss zu bewahren. Zuverlässig zeigt er die Stunden an – allerdings mit vertauschten Zeigern!

Alle Details über den Park erfährt man bei den **Schlossbergführungen** (Ostern–Okt., tgl. 9 bis 17 Uhr, jede volle Stunde). Treffpunkt ist am Glockenturm bei der Bergstation der Seilbahn.

Ein zweites großzügig angelegtes Grün ist der ***Stadtpark.** Der **Stadtparkbrunnen** ❻ entstand anlässlich der Wiener Weltausstellung 1873 und wurde ein Jahr später von den Grazer Stadtvätern gekauft. Die dazu gehörenden Seitenbrunnen stehen heute an der Place de la Concorde in Paris.

Die ***Leechkirche** ❼ wurde bereits 1202 als erste Grazer Kirche gegründet und Ende des 13. Jhs. gotisch verändert. Ihr Netzrippengewölbe und die gotischen Glasmalereien der Fenster hatten Vorbildfunktion für viele andere Kirchen.

Über dem Stadtpark: der Uhrturm

Der spätgotische ***Dom** ❽ mit barocker Innenausstattung wurde 1462

Zwei neue Wahrzeichen

Graz ist zwar wieder eine beschauliche Provinzstadt, aber das turbulente Jahr als europäische Kulturhauptstadt 2003 hat der steirischen Metropole zumindest zwei neue Wahrzeichen beschert: Eine »Plaza für das 21. Jahrhundert« ist die **Insel in der Mur,** in Stahl und Glas konzipiert vom New Yorker Designer Vito Acconci; in zwei Schalen einer geöffneten Muschel sind ein durchgestyltes Kaffeehaus, ein Spielplatz und eine kleine Bühne für Open-Air-Veranstaltungen zu finden.
Und das alles westlich des Mariahilferplatzes mitten in den Wellen der Mur, durch Stege mit beiden Ufern verbunden.

Das **Kunsthaus,** geplant von den britischen Architekten Peter Cook und Colin Fournier, wurde östlich der Hauptbrücke am Beginn der Murvorstadt als ein lichtdurchflutetes helles Gebäude errichtet, das die Spannungsverhältnisse zwischen Tradition und Avantgarde demonstrieren soll. Es beherbergt wechselnde Ausstellungen meist moderner Kunst (Lendkai 1, Di–So 10–18 Uhr, Do bis 20 Uhr, Tel. 03 16/80 17-92 00, www.kunsthausgraz.at).

Karte Seite 40

vollendet. Er hat einen recht ungewöhnlichen Grundriss mit einer relativ breiten Halle, die durch einen Triumphbogen vom Chor getrennt ist. An der südlichen Außenwand haben sich Reste eines spätgotischen Freskos (1485) erhalten. Es thematisiert die großen Plagen jener Zeit: Pest, Heuschrecken und den Türkenansturm.

Das ***Mausoleum** ❾ wurde 1638 als Grabmal für Kaiser Ferdinand II. errichtet und gehört zu den wenigen Gebäuden aus der Übergangszeit vom Manierismus zum Barock.

Einen halben Tag sollten Sie sich für das ***Landesmuseum Joanneum** ❿ reservieren. Der Museumsstifter, Erzherzog Johann (s. S. 98), war sehr an Technik interessiert, ein früher ökologischer Vordenker und eifriger Förderer der Wissenschaften. Dependancen des Museums sind über die Stadt verteilt: Im Neuen Joanneum (Neutorgasse 45) sind die **Alte Galerie** (Breughel, Lucas Cranach, Tintoretto u. a.), Barockkunst und kunstgewerbliche Sammlungen zu bewundern, die **Neue Galerie** im Palais Herberstein (Sackstr. 16) konzentriert sich auf Malereien, Graphiken und Skulpturen des 19. und 20. Jhs.

❶ Franziskanerplatz
❷ Landhaus
❸ Landeszeughaus
❹ Hauptplatz
❺ Uhrturm
❻ Stadtparkbrunnen
❼ Leechkirche
❽ Dom
❾ Mausoleum
❿ Landesmuseum Joanneum

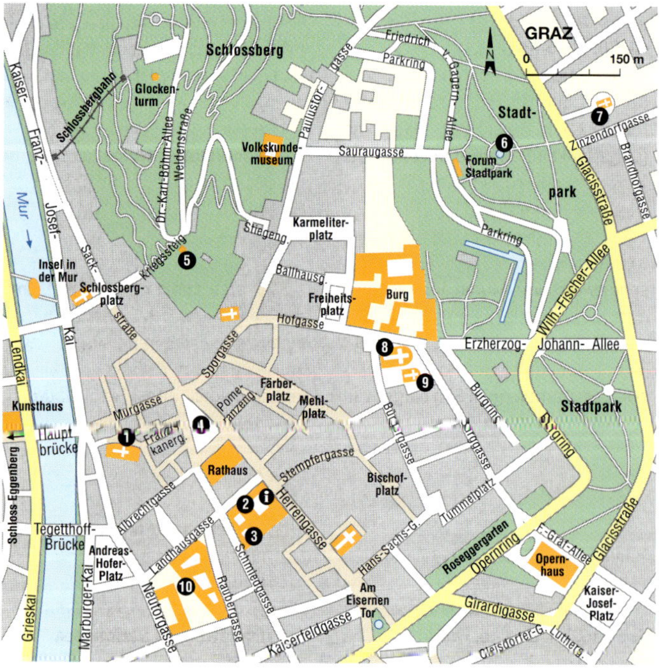

Karte Seite 40

*Schloss Eggenberg

3 km westlich von Graz befindet sich Schloss Eggenberg, das Fürst Ulrich ab 1625 im Stil eines italienischen Prunkschlosses erbauen ließ. Das barocke Gebäude besitzt Innenräume mit üppiger Rokokoausstattung und -bemalung. Reichtum und Macht dokumentieren auch die Fenster: 365 an der Zahl – inklusive Scheinfenstern! Auch ein Museum für Frühgeschichte, eine Münzsammlung und ein Jagdmuseum sind zu besichtigen.

Abstecher ins Murtal

Bei Stübing (12 km nordwestlich von Graz) liegt das **Österreichische Freilichtmuseum. In einem Park wurden ca. 90 alte Bauernhäuser, Ställe und Handwerksbetriebe aus allen Bundesländern zusammengetragen (April bis Okt. Di–So 9–17 Uhr).

Von Stübing aus kann man noch weiter das Murtal entlangfahren. **Murau** (2500 Einw.) ist idealer Ausgangspunkt für Wanderungen in den Niederen Tauern oder auch für Ausflüge in den umliegenden Tälern. Das **Renaissance-Schloss Obermurau** ist wegen seiner herrlichen Prunkräume sehenswert. Von Murau aus kann man auch zu einer Fahrt mit der Dampfeisenbahn das Murtal entlang aufbrechen. Sie fährt einmal wöchentlich zwischen Tamsweg im Salzburger Lungau und Unzmarkt.

Infos

Tel.-Vorwahl 03 16

Graz Tourismus, Herrengasse 16, Tel. 8 07 50, Fax 80 75 15, www.graztourismus.at.

Erzherzog Johann, Sackstr. 3–5, Tel. 81 16 16, Fax 81 15 15, www.erzherzog-johann.com. Familiäres Hotel in einem schönen Barockpalais mitten in der Altstadt, herrlicher Wintergarten, schöne Bar. ○○○

Johan, Landhausgasse 1, Tel. 82 13 12. In-Lokal mit kreativer Küche im Landhaustrakt. ○○

Santa Clara, Bürgergasse 6, Tel. 81 18 22. Ein Dorado für Freunde leichter mediterraner Antipasti. So geschl. ○○

Schanzlwirt, Hilmteichstr. 1, Tel. 35 70 60. Das älteste Wirtshaus der Stadt, hervorragendes Salatbuffet. So geschl. ○○

Almwirt, Bergstr. 21, Tel. 58 56 77. Traditionsgasthaus nahe Schloss Eggenberg. So/Mo geschl. ○○

Szene: Studentenkneipen und Bierlokale rund um die Universität. Im Bermudadreieck rund um Glockenspiel-, Mehl- und Färberplatz reiht sich ein Lokal ans andere.

Humboldtkeller, Humboldtstr.3, Tel. 68 22 58. Beliebte Musikkneipe. Mo geschl.

Styriarte (Juni/Juli) und **steirischer herbst** (Okt.) sind zwei renommierte Kunstfestivals: Sie bringen Theater, Musik, Literatur und Malerei auf die Bühnen und ins Stadtleben. Infos: Festivalbüro, Sackstr. 17, Tel. 82 50 00, www.styriarte.com, Tel. 82 30 07, www.steirischerherbst.at.

Bauernmarkt am Kaiser-Franz-Josef-Platz, tgl. 5–13 Uhr: steirische Produkte frisch vom Hof, bunt gemischtes Publikum. Hochwertiges Kunsthandwerk im **Steirischen Heimatwerk** in der Herrengasse Nr. 10.

1
Karte Seite 51

Tour 1

Das Salzkammergut – ein Klassiker

Salzburg → *Mondsee → *Gmunden → *Bad Ischl → Bad Aussee → **Hallstatt → *Wolfgangsee → Salzburg (226 km)

Der Name dieses Klassikers unter den europäischen Sommerfrischen stammt vom mittelalterlichen Kammergut, dem Salzabbaugebiet zwischen Traunsee und Hallstatt, das der Wiener Hofkammer stattliche Gewinne bescherte. Anfang des 19. Jhs. aber waren die Salzvorkommen der Region ausgebeutet und die Menschen bettelarm. Die abgeschiedene Lage zwischen Bergen und Seen zog Maler der Romantik an, Dichter und Komponisten folgten, schließlich kamen Adel und Bürgertum zum Kuren ins Soleheilbad von Ischl. Das Salzkammergut wurde bald zum Inbegriff des heiteren Lebens, nicht umsonst spielt hier das »Weiße Rössl am Wolfgangsee«.

Auch heute noch lässt es sich im Salzkammergut gut lustig sein, wenn nicht gerade Regenwolken den Himmel verdüstern. Drei bis vier Tage sollten Sie einplanen, wenn Sie auch Wanderungen unternehmen oder Wassersport betreiben wollen.

*Mondsee ❶

Der Mondsee liegt sehr schön zwischen Drachenwand (1000 m) und Schafberg (1783 m). Dass in dieser Region lange vor den Sommerfrischlern

Der Mondsee gefällt auch im Herbst

des 19. Jhs. Menschen lebten, zeigt das Museum in der ehemaligen Bibliothek des Stifts St. Michael im Ort **Mondsee** (2600 Einw., 24 km): In der Jungsteinzeit ab 1900 v. Chr. siedelten hier Menschen in Pfahlbauten.

Tourismusverband Mondseeland, Dr.-Franz-Müller-Str. 3, Mondsee, Tel. (0 62 32) 22 70 und 42 70, Fax 44 70, www.mondsee.at.

Seehotel Königshof, Mondsee, Tel. (0 62 32) 56 27, Fax 56 17 55, www.koenigshof.at. Elegantes Wellness-Hotel mit herrlicher Liegewiese am See. ○○○

▮ **Seehof Mondsee,** Loichbichl am Mondsee, Tel. (0 62 32) 50 31, Fax 50 31-51, www.seehof-mondsee.at. Komfortables Haus am See. ○○○

Holzigerbauer, Oberburgau 12, Scharfling, Tel. (0 62 32) 38 41. Einheimischen-Treffpunkt, schöner Garten. Reservieren! ○○

K & K, Herzog-Odilo-Str. 13, Mondsee. Für den Einstieg ins Nachtleben geeignetes Pub.

Hat man den südlichen Zipfel des Attersees umrundet, geht es auf einer ab Steinbach steilen und kurvigen Straße weiter zum Traunsee.

1 Karte Seite 51

*Gmunden ❷

Gmunden (15 000 Einw., 72 km) war als Ferienresidenz europäischer Fürstenhäuser das Gegenstück zum habsburgischen Ischl (s. u.). Schlösschen und Villen bestimmen auch heute das Ortsbild. Wer einen Spaziergang im Stadtteil Ort beginnt, kann über die Halbinsel Toskana und weiter über eine Holzbrücke zur vierflügeligen Anlage des **Seeschlosses** aus dem 17. Jh. gehen. Entlang des Seeufers schlendert man dann zur Traunbrücke, wo in den spätgotischen Kammerhof das **Stadtmuseum** eingezogen ist. Vom Ortsteil Weyer führt eine Gondelbahn auf den Grünberg. Wer den Sandaletten-Touristen entkommen will, sollte die Wanderung auf den 1691 m hohen **Traunstein** wählen (2 Std.).

Werkverkauf der **Gmundner Keramik,** Keramikstr. 24, Mo–Fr 9–18, Sa 9–13 Uhr.

Abstecher
Das **Almtal,** eine ruhige Voralpenlandschaft mit blumengeschmückten Bauernhöfen, endet am kleinen **Almsee** (36 km von Gmunden), der an die Felswände des bis zu 2514 m hohen Toten Gebirges anzustoßen scheint (Bergtouren nur für geübte Bergsteiger geeignet).

Mittwochs ab 19.30 Uhr kann man am Almsee dem Echoblasen der Blasmusikanten lauschen. Mitte August treffen sich 50 Musikgruppen!

Imperialer Balkon der Kaiservilla in Bad Ischl

5 *Bad Ischl ❸

Bad Ischl (14 000 Einw., 102 km) hieß Anfang des 19. Jhs. noch schlicht Ischl. Der Arzt Josef Götz setzte hier Solekuren ein, um gicht- und rheumageplagte Bergmänner zu heilen. Der Hofmedikus Franz von Wirer verwandelte Ischl schließlich in ein Kurbad für die bessere Gesellschaft. Als 1853 Kaiser Franz Joseph seine Verlobung mit Elisabeth von Bayern, der berühmten Sisi, im Hotel Austria feierte und ein Jahr später seine Sommerresidenz nach Ischl verlegte, war der Aufstieg zum mondänen Kurbad perfekt.

Im ehemaligen Hotel Austria ist heute das **Stadtmuseum** untergebracht, und auch die Räumlichkeiten in der **Kaiservilla,** einem kleinen Biedermeierschlösschen, sind zu besichtigen. Auf der anderen Traunseite steht das Gegenstück zum monarchischen Bad Ischl: In der **Villa Lehár,** heute ein Museum, schrieb Franz Lehár, der König der Operette, von 1912 bis 1948 24 Bühnenwerke.

Kurdirektion Bad Ischl, Bahnhofstr. 6, Tel. (0 61 32) 2 77 57-0, Fax 2 77 57 77, www.badischl.at.

1
Karte Seite 51

Grabnerwirt, Lindau 5, Tel. (0 61 32) 2 45 52. Uriges Haus mit Garten. ❍

Villa Schratt, Steinbruch 43, Tel. 2 76 47. Gourmetlokal in der Villa von Katharina Schratt, der Altersgeliebten des Kaisers. Di/Mi geschl. ❍❍❍

Der ehemalige k. k. Hoflieferant **Bittner** (Auböckplatz 3) fertigt heute noch Hüte an. Den Köstlichkeiten der **Hofkonditorei Zauner** konnte schon der Kaiser nicht widerstehen.

Joy, in Bad Goisern. Diskothek mit Karibikstimmung.

Bad Aussee ❹

Am stimmungsvollsten ist der Kurort Bad Aussee (5100 Einw., 130 km) im Mai/Juni, wenn die Narzissen blühen, Grund genug für ein eigenes Fest. Auch die Ausseer gründeten ihren Reichtum auf Salz und bieten seit 1850 Sole- und Schlammbäder an. Die **Pfarrkirche St. Paul** stammt aus dem 13. Jh. In ihrer Marienkapelle steht eine Madonnenfigur aus dem 15. Jh. Der spätgotische **Kammerhof,** heute Heimatmuseum, ist das älteste profane Gebäude der Steiermark.

Der ****Altausseer See,** vom Loser (1838 m) überragt, gehört zu den Bilderbuchmotiven der Region. Jahrhundertelang wurde der Ausseer Salzberg ausgebeutet. Heute finden im Stollen Führungen, Lesungen und Theateraufführungen statt (tgl. 10–16 Uhr). Am **Literatur- und Heimatmuseum** in Altaussee beginnend, informiert die **Via Artis,** die in einem einstündigen Spaziergang um den See führt, über Komponisten und Dichter, die einst zur Sommerfrische an den See kamen.

Informationsbüro, Bahnhofstr. 132, Tel. (0 36 22) 5 23 23, Fax 5 23 23-4, www.ausseerland.at.

Gasthof Sonne, Hauptstr. 150, Bad Aussee, Tel. 52 20 60, Fax 52 22 94, www.hotelsonne.at. Steirer Gasthof, hübscher Garten direkt am Kurpark, Restaurant. ❍❍

6 Nach **Hallstatt ❺

Ein kurvenreiches Sträßchen mit einem Gefälle von bis zu 23 % führt von Bad Aussee zum **Hallstätter See.** Wenige Kilometer hinter Obertraun zweigt eine Stichstraße zur Dachsteinbahn ab, die auf den **Krippenstein** (2109 m) schwebt. An der Mittelstation liegt der Eingang zu den ****Dachsteinhöhlen.** Die einstündige Führung geht durch majestätische Eishallen vorbei an gewaltigen Fabelwesen (warme Kleidung!).

Nach **Hallstatt** (1200 Einw., 146 km) konnte man bis 1890 nur per Schiff oder Saumtier gelangen! Von der Seilbahnstation auf dem Salzberg geht man 15 Min. bis zum 1030 m hohen Gipfel. Das Salzbergwerk ist noch in Betrieb und kann besichtigt werden.

Bräugasthof, Seestr. 120/121, Tel. (0 61 34) 82 21. Gemütlicher Gasthof von 1472. ❍❍

*St. Wolfgang ❼

Von Hallstatt geht es zurück nach Bad Ischl und weiter zum ***Wolfgangsee.** In Strobl herrscht noch recht wenig Trubel, in St. Wolfgang (2700 Einw., 186 km) dreht sich alles ums »Weiße Rössl«. 1895 schrieb ein gewisser Blumenthal ein Theaterstück, das den Kellner Leopold und seine Verehrung

1 Karte Seite 51

Zum Gruseln: das Beinhaus in Hallstatt

Urlaubsvergnügen am Wolfgangsee

für die junge Rössl-Wirtin zum Thema hatte. Das Ganze spielte in Lauffen. Der Revueproduzent Erik Charell und der Komponist Ralf Benatzky verlegten die Handlung an den idyllischeren Wolfgangsee und machten aus dem Stoff eine Revueoperette, die 1930 uraufgeführt wurde. Um diese Zeit nahm das Hotel »Zum Touristen« am See den Namen »Im Weißen Rössl« an.

In der spätgotischen **Kirche des hl. Wolfgang,** die im 17. Jh. barock ausgemalt wurde, ist der **Flügelaltar** des Südtiroler Schnitzers Michael Pacher von 1481 Ziel aller Wallfahrer.

Kurdirektion St. Wolfgang, Tel. (0 61 38) 22 39-0, Fax 22 39 81, www.salzburgerland.com.

Landhaus zu Appesbach, Au 18, Tel. (0 61 38) 22 09, Fax 22 09-14, www.schlosshotels.co.at. Elegantes Haus am See. ○○

Die **Schafbergbahn,** Österreichs steilste Zahnradbahn, schnauft seit 1893 auf den 1783 m hohen Schafberggipfel, von dem man einen 14-Seen-Blick genießt.

Die Hallstattzeit

1734 entdeckten Bergleute eine gut erhaltene Leiche im Salzstollen bei Hallstatt, die sie für höchstens 200 bis 300 Jahre alt hielten und auf dem Friedhof zur letzten Ruhe beisetzten. 100 Jahre später erinnerte sich der Bergbeamte Johann Georg Ramsauer an Berichte über den Fund und ordnete angesichts von sieben weiteren Skeletten genaue Untersuchungen an. Sein Engagement markierte den Beginn systematischer Forschungs- und Ausgrabungstätigkeit; sie ergab, dass die Toten in der Zeit zwischen 800 und 400 v. Chr. gelebt haben mussten. Es wurden auch Kultgegenstände und Werkzeuge gefunden, die Aufschlüsse über die erstaunlich hoch entwickelte Kultur der älteren Eisenzeit gaben. Das archäologische Feld lieh der Periode ihren Namen: Hallstattzeit. Im **Prähistorischen Museum** in Hallstatt, Seestr. 11, sind die ausgegrabenen Gegenstände zu besichtigen.

Tour 2

Vom Salzburger Land nach Tirol

2 Karte Seite 50

Salzburg → **Eisriesenwelt → *Lungau → Gasteiner Tal → *Dienten → Kitzbühel (150 km)

Bekannte und betriebsame Urlaubsorte versammeln sich auf dieser Tour, die vier bis fünf Tage in Anspruch nimmt. Manche Schätze verbergen sich unter der Oberfläche. Tauchen Sie ab: in Höhlen, Bergwerke, Salz- oder Thermalstollen.

Über Hallein nach Werfen

Halleins ❼ (17 000 Einw., 18 km) Altstadt mit den bunten Barock- und Rokokofassaden und der Fußgängerzone ist ausgesprochen hübsch. Das Gebiet westlich von Hallein entpuppte sich als ein riesiger Friedhof aus der Keltenzeit. Als 1577 Knappen eine Leiche in den Salzstollen des Dürrnbergs (771 m) fanden, hielten sie den im Salz gut konservierten Mann irrtümlich für einen vor nicht allzu langer Zeit verstorbenen Kollegen. Forscher haben erst 1992 sieben neue Gräber mit neun Skeletten untersucht, die etwa 1500 Jahre alt sind.

Das Keltenmuseum im ehemaligen Salinenverwaltungsgebäude in Hallein zeigt Werkzeuge und Grabbeigaben der frühgeschichtlichen Bergmänner, und das Freilichtmuseum am Dürrnberg veranschaulicht Lebensweise und Grabriten der Kelten.

Höhepunkt der Reise in die Vergangenheit ist eine Einfahrt in das ****Salzbergwerk,** das 1989 wegen Unrentabilität stillgelegt werden musste (www.salzwelten.at).

Werfens ❽ Attraktion ist groß ausgeschildert, die ****Eisriesenwelt.** Vom Parkplatz sind es etwa 10 Min. Fußweg zur Talstation der Seilbahn. 1879 wurde die große Karsthöhle aus der Tertiärzeit entdeckt, die ein unterirdischer Fluss ausgewaschen hat. Rund 45 km Wege sind bisher von Forschern erkundet. Im Hochsommer schmilzt ein Teil des Eises ab, im Großen Eispalast glitzert dann ein spiegelglatter See. Rund 800 m dieser faszinierenden Welt mit ihren Eisskulpturen können Touristen von Anfang Mai bis Mitte Oktober im Rahmen von 70-minütigen Führungen bestaunen (feste Schuhe und warme Kleidung unbedingt erforderlich, Dauer 4–5 Std.).

In den *Lungau

Über Radstadt geht es in die Radstädter Tauern hinauf. Nach einer herrlichen Panoramastrecke gelangt man auf 1783 m Höhe nach Obertauern.

Hinter Obertauern beginnt der **Lungau,** ein abgeschiedenes, bewaldetes Hochtal in den gewaltigen Tauern. Als Erstes erreicht man **Mauterndorf ❾** (1700 Einw., 61 km von Bischofshofen) mit seiner stattlichen Burg. In der Burgkapelle sind die ältesten gotischen Fresken (1350) des Salzburger Landes zu bewundern.

In der Ritterstube der Burg wird traditionelle Lungauer Küche serviert.

Steffner-Wallner, Markt 90, Mauterndorf, Tel. (0 64 72) 72 14, Fax 77 94, www.steffner-wallner.at. Die Zimmer in der unter Denkmalschutz stehenden Dependance sind besonders gemütlich. ○○

Eine Burg wie aus dem Lego-Baukasten: Mauterndorf

Weitgasser, Nr. 106, Mauterndorf, Tel. (0 64 72) 73 66. Spezialitäten der regionalen Küche in einem schönen alten Gasthof. ○○

Schnapsbrennerei Trausner, Mauterndorf, Nr. 384. Unglaublich fruchtige Tropfen!

Villa Kunterbunt, in Bruckdorf, für Gäste jeden Alters.

In **Tamsweg** ⑩ (5700 Einw.) haben die Bewohner dem hl. Leonhard auf einem Hügel am Ortsrand eine Kirche gestiftet. Sie wurde zu einer der wichtigsten Wallfahrtsstätten Österreichs.

Brauchtum aus dem Dunkel der Zeit: Der Samson geht um

In **Schloss Moosham,** auf dem Weg Richtung St. Michael, dokumentiert die Folterkammer die grausigen Hexenprozesse, die hier im Mittelalter stattfanden.

Wer jetzt noch Appetit hat: Die Schloss-Schenke ist ein wahres Schlemmerdomizil.

2 Karte Seite 50

Brauchtum im Lungau

Die Samsonumzüge in Tamsweg, St. Michael, Muhr, Ramingstein, Lersach und Mariapfarr gehen wahrscheinlich auf schauspielartige Prozessionen in der Zeit des Barock zurück, vielleicht hat der Brauch seinen Ursprung aber schon in heidnischer Zeit. An Fronleichnam führt Samson, flankiert von zwei Zwergen, den Umzug an. Der Träger im Inneren der Figur – sie ist 6 m hoch und wiegt ca. 80 kg – hat Schwerstarbeit zu leisten. Seltsam gewandet ist der Samson: mit Rüstung und Tunika, in der einen Hand eine Lanze, in der anderen die Eselsbacke, mit der der biblische Samson die Philister erschlug. Niemand weiß zu sagen, wo die Hintergründe dieser seltsamen Ausstattung liegen.

Am letzten Wochenende im August wird am Preber-See scharf geschossen. Die Schützen befinden sich an dem einen Ufer, die Schützenscheiben aber auf der anderen Seeseite. Gezielt wird nicht etwa auf die Scheiben, sondern auf deren Spiegelbild im See!

2
Karte Seite 50

Lungau Information, Rathaus, Tamsweg, Tel. (0 64 74) 21 45, Fax 21 45-42, www.lungau-info.com.

Bahnverbindung: Murtal-Schmalspurbahn von Tamsweg nach Murau in der Steiermark; Dampfsonderzüge, man darf sogar unter Anleitung selbst Zugführer spielen; Tel. (0 35 32) 22 31.

Ins Gasteiner Tal

In **Bad Hofgastein** ⓫ (6000 Einw., 17 km von Lend) ließ Erzherzog Ferdinand zu Beginn des 19. Jhs. das Haus Meran bauen und begründete damit den Ruf einer adeligen Sommerfrische. Heute gibt es hier ein Thermalbad mit allen erdenklichen Therapiemöglichkeiten.

Der Geist der Belle Epoque allerdings lebt nur noch in **Bad Gastein** ⓬ (5700 Einw.) weiter, wo seit dem 19. Jh. die Highsociety kurte, bis sie sich in den 1970er Jahren neue In-Plätze suchte. Am Ende des Gasteiner Tals, in **Böckstein** ⓭, wurde Ende der 1940er Jahre ein ***Gesundheitsstollen** entdeckt: Der hohe Radongehalt, Temperaturen von 38 bis 42 °C und die hohe Luftfeuchtigkeit lindern z. B. Gelenkschmerzen (s. S. 9).

Gasteinertal Tourismus, Tauernplatz 1, 5630 Bad Hofgastein, Tel. (0 64 32) 33 93, Fax 33 93-120, www.gastein.com.

Grüner Baum, Kötschachtal 25, Bad Gastein, Tel. (0 64 34) 25 16-0, Fax 25 16-25, www.grunerbaum.com.
In einem romantischen Seitental unweit von Bad Gastein gelegenes Hoteldorf, Spitzenküche, Beauty Farm. ○○○

Hauserbauer, Mairhofen 25, Dorfgastein, Tel. (0 64 33) 73 39, Fax 73 39-33, www.hauserbauer.com. Ruhige Lage, Kinder willkommen. ○○

Vom Parkplatz Klammstein, auf der Rückfahrt nach Lend, führt eine 45-minütige Wanderung zur **Entrischen Kirche,** einer Tropfsteinhöhle, die während der Gegenreformation ein geheimer Versammlungsort der Protestanten war (Führungen von Mitte März bis Ende Okt., ca. 45 Min. um 11, 12, 14, 15 und 16 Uhr).

*Dienten und Saalfelden

Insider wissen, dass man **Dienten** ⓮ (900 Einw., 81 km) am Hochkönig »Däantn« ausspricht und die »Übergossene Alm« keine Cocktail-Erfindung, sondern eine Vergletscherung nahe des Hochkönigs (2941 m) ist.

Saalfelden ⓯ (12 600 Einw., 101 km) leidet etwas unter dem Durchgangsverkehr. Schon in prähistorischer Zeit existierte hier eine Siedlung. Im Süden des Ortes befindet sich im Schloss Ritzen das Heimatmuseum mit der größten Krippensammlung Österreichs und Bildern lokaler Künstler.

Über dem Ort klebt in 1004 m Höhe Mitteleuropas letzte **Einsiedelei St. Georg** auf dem Palfen. Seit 1664 bewohnen Eremiten die Klause. Ein hübscher Waldweg führt hinauf zum Einsiedler, der es sich nicht nehmen lässt, Pilger und Wanderer zu bewirten – mehr als 6000 sind es jedes Jahr.

Fremdenverkehrsverband Pinzgauer Saalachtal, Loferer Str. 5, Tel. (0 65 82) 7 40 17, Fax 7 40 17-4, www.pinzgauer saalachtal.co.at.

2 Karte Seite 50

Detail am Wege: Sonnenuhr an einem Haus in Kitzbühel

Gut Brandlhof, Hohlwegen 4, Saalfelden, Tel. (0 65 82) 78 00 Fax 78 00-5 98, www.brandlhof.com. 18-Loch-Golf-Platz und Golfschule, Reiten, Tennis, Swimmingpools. ❍❍❍

▮ **Hotel Almhof,** Hinterthal 179, 5761 Maria Alm, Tel. 0 65 84/84 14, Fax 84 18, www.almhof.co.at. Familiär geführtes Hotel mit haubengekröntem Restaurant. ❍❍

7 **Kitzbühel ⑯ und Umgebung

Kitzbühel (8000 Einw., 150 km) assoziiert so mancher mit Geld und Prominenz, der spektakulären Weltcup-Skiabfahrt Streif, Après-Ski und Nightlife. Zugegeben – das Zentrum von Kitzbühel ist sehr touristisch, aber etwas außerhalb, z. B. am romantischen Moorbad des Schwarzsees, ist Kitzbühel ruhig und angenehm.

Die schöne Pfarrkirche **St. Andreas** aus dem 15. Jh., die später barock umgestaltet wurde, besitzt einen Hochaltar, den der Kitzbüheler Simon Benedikt Faistenberger im 17. Jh. schuf. Am Südende der Altstadt steht das letzte der ehemaligen **Stadttore,** das im Mittelalter entstandene Jochberger Tor. Schräg gegenüber gibt's im **Heimatmuseum** Stadtgeschichte (Hinterstadt 32, Mo–Sa 10–12.30 Uhr).

Gefüllt mit Hochprozentigem: in der Brennerei Erben

Tourismusverband Kitzbühel, Tel. (0 53 56) 62 15 50, Fax 6 23 07, www.kitzbuehel.at.

Astron Sporthotel, Schwarzseestr. 8–10, Tel. (0 53 56) 63 21 10, Fax 632 11 15, www.astron-hotels.com. Eigene Skischule, Golfunterricht, gute Küche. ❍❍❍

▮ **Pension Johanna,** Ehrenbergerstraße 51, Tel. (0 53 56) 64 85 60, Fax 64 05 47. Nette, kleine und familiäre Pension. ❍

Sonnbergstub'n, Oberaigenweg 103, Tel. (0 53 56) 6 46 52. Gute Tiroler Küche in einem Bergbauernhof. ❍❍

Interessantes über die Obstlerherstellung erfährt man bei einer Führung durch die Hallen der **Brennerei Erben,** Brixen im Thale Nr. III/3, Tel. (0 53 34) 84 13.

Eine Wanderung führt von Hopfgarten auf die markante **Hohe Salve** (1828 m). Nach zweieinhalb Stunden ist man bei einer kleinen Wallfahrtskapelle angelangt. Im Winter tummeln sich hier die Skifahrer.

Traunreut
Obern-dorf
Salzach
See-kirchen
München
Inn
Chiem-see
Bad Aibling
Rosenheim
Traunstein
Freilassing
Salz-burg
DEUTSCHLAND
Grödig
Rottach-Egern
Bad Reichenhall
Kiefers-felden
Berchtes-gaden
Kuchl
Golling
Wilder Kaiser
2344
Lofer
Watzmann
2713
Kufstein
Weiß-bach
Eisriesenwelt
Wörgl
St. Johann
Hohe Salve
1828
Kramsach
Hopfgarten
Kitzbühel
Fieber-brunn
Werfen
Saalfelden
Rattenberg
Brixen im Thale
Kirch-berg
Dienten
Innsbruck
Fügen
Tirol
KITZBÜHELER ALPEN
Salzburg
St. Johann
Schwarzach
Zell am See
Lend
Mittersill
Bruck
Gerlospass
1507
Neukirchen
Taxen-bach
Entrische Kirche
Zell am Ziller
Gerlos
Salzach
Pinzgau
Kaprun
Krimml
Krimmler Wasserfälle
Kitzsteinhorn
3203
Mayrhofen
Großglockner Hochalpenstr.
Bad Hofgastein
Nationalpark
Felbertauernstr.
HOHE TAUERN
Bad Gastein
3674
Dreiherrn-Spitze
Groß-venediger
Nationalpark
3797
2575
Hochtor
Böck-stein
ZILLERTALER ALPEN
3499
Groß-glockner
Prägraten
Heiligen-blut
Ströden
Virgen
Matrei
Kals
Umbalfälle
Hohe
Tauern
Hohe
Tauern
Mallnitz
Hopfgarten
Staller Sattel
2052
Defereggental
Isel
Osttirol
DEFEREGGEN GEBIRGE
Lienz
Bruneck
KREUZECKGRUPPE
Pustertal
Sillian
Greifenburg
Drau
LIENZER DOLOMITEN
Toblach
Kötschach Mauthen
ITALIEN
Gail
Dellach
Hohe Warte
2780
Kirchbach
KARNISCHE ALPEN
Cortina
Auronzo

TOUREN 1 - 3 UND 6
0 20 km
Oberösterreich
Steiermark
Kärnten
Vöcklabruck
Laakirchen
Gmunden
Seewalchen
Altmünster
Scharnstein
Kirchdorf
Micheldorf
Mondsee
Attersee
Traunsee
Steinbach
Ebensee
Almsee
St. Wolfgang
Schafberg
Wolfgangsee
Bad Ischl
Traun
Totes Gebirge
Großer Priel 2514
Hohe Nock 1963
Sengsengeb.
Windischgarsten
Altausseer See
Bad Goisern
Bad Aussee
Hallstatt
Hallstätter See
Obertraun
Dachsteinhöhlen
Hoher Dachstein 2995
Bad Mitterndorf
Liezen
Admont
Rottenmann
Trieben
Enns
Gröbming
Radstadt
Schladming
Schladminger Tauern
2863 Hochgolling
Rottenmanner Tauern
2361 Hohenwart
Niedere Tauern
Obertauern
Tauernpass 1739
Radstätter Tauern
Mauterndorf
Tamsweg
St. Michael
Mur
Murau
Judenburg
Graz
Zirbitz-Kg. 2396
Maltatal
Krems
Nationalpark Nockberge
Gurktaler Alpen
Friesach
Gurk
Althofen
Gmünd
Reißeck
Lurnfeld
Seeboden
Millstatt
Bad Kleinkirchheim
Radenthein
Spittal
Millstätter See
St. Veit
Hochosterwitz
Brückl
Magdalensberg
Weißensee
Paternion
Feldkirchen
Steindorf
Maria Saal
Völkermarkt
Ossiacher See
Krumpendorf
Hermagor
Bad Bleiberg
Villach
Velden
Klagenfurt
Wörthersee
Minimundus
Klopeiner See
Faaker See
Drau
Arnoldstein
Finkenstein
Feistritz
Ferlach
Jesenice
Linz

Tour 3

Große Alpenpässe

Lofer → Zell am See → **Groß-glockner-Hochalpenstraße → Lienz → **Krimmler Wasserfälle → Gerlospass (325 km)

3 Karte Seite 50

Es gab Zeiten, da waren die Berge bedrohliche Feinde, Alpenüberquerungen eine gefährliche Angelegenheit. Wenn man heute über die imposanten Pass- und Panoramastraßen fährt, ist das kaum mehr vorstellbar. Die folgende Tour durch die Hohen Tauern nimmt mindestens drei Tage in Anspruch; wer Bergtouren oder einen längeren Aufenthalt in den Osttiroler Tälern plant, sollte eine Woche zur Verfügung haben.

Lofer ⑰ und Umgebung

Lofer (2700 Einw.) ist ein gemütlicher Urlaubsort geblieben, obwohl ihn die Wanderer, Skifahrer und Freunde des Wildwassersports gerne als Basislager nutzen. Auf der Fahrt entlang der kargen, schroffen Loferer Steinberge, einem isolierten Bergstock der Salzburger Kalkalpen, führt eine Stichstraße zur **Vorderkaserklamm:** Von der Jausenstation dauert ein Spaziergang vorbei an steil aufragenden Felswänden und tosendem Wasser rund 40 Minuten. Das **Lamprechtsofenloch** weiter südlich (Parkplatz an der B 311) ist ein Wasserhöhlensystem, das man ohne Führung erkunden kann.

Nordöstlich von Weißbach (Parkplatz) schließlich beginnt der Weg (hin und zurück rund 90 Min.) durch die **Seisenbergklamm,** eine ebenfalls sehr spektakuläre Gebirgsschlucht.

Zell am See ⑱

Seit der Ort (10 000 Einw., 40 km) eine Umgehungsstraße hat, macht es wieder Spaß, durch die Innenstadt zu schlendern, obwohl von deren mittelalterlichem Kern nur das Schloss Rosenberg, der Vogtturm mit Heimatmuseum und die Pfarrkirche St. Hippolyth übrig geblieben sind.

Europa Sportregion, Zell am See, Tel. (0 65 42) 7 70-0, Fax 7 20 32, www.europasportregion.info.

Golf & Sporthotel Select, Fürth 9, Piesendorf (6 km von Zell am See), Tel. (0 65 49) 81 70, Fax 81 73, www.hotel-select.at. Angenehmer als die Hotels in Zell am See; schönes Schwimmbad, Sauna. Fitnessbereich. ❍❍

Limberghof, Bruckberg 1, Zell am See, Tel. (0 65 42) 5 74 07. Deftige Pinzgauer Kost in einem historischen Bauernhof, auch einige Zimmer. ❍

Sisis Sommerfrische

Der Aufstieg von Zell am See begann, als Kaiserin Elisabeth Ende des 19. Jhs. hier ihre Sommerfrische verbrachte. Zu Fuß stieg sie auf ihren Lieblingsberg, die Schmittenhöhe, – im Gegensatz zu anderen hochwohlgeborenen Gästen, die Mulis benutzten oder sich gar von Einheimischen in kleinen Wagen hinaufziehen ließen. Heute fährt eine Seilbahn auf den 1968 m hohen Berg, von dessen Gipfel aus man mehr als 30 Dreitausender sehen kann.

Die Bar **Insider** (Kirchengasse) ist bei Einheimischen beliebt.
▪ Im **Crazy Daisy** (Brucker Bundesstr. 10–12) genießt man Drinks und Pasta in entspannter Atmosphäre.
▪ Die **Pinzgauer Diele** (Anton-Wallner-Str. 8) ist eine rustikale Disko.

Das nahe **Kaprun** ⓳ (47 km) verdankt seinen Aufstieg zum beliebten Ferienort dem Kraftwerk Glockner-Kaprun (s. u.). Neben dem Ganzjahresskigebiet Kitzsteinhorn (3203 m) ist es die Burg Kaprun (12. Jh.), die Gäste anzieht. Dort finden zahlreiche Veranstaltungen statt, darunter in der zweiten Juliwoche ein Volksmusikfestival.

Baumbar, S.-Thun-Str. Bar, Pizzeria und Disko in einem.

8 **Großglockner-Hochalpenstraße ⓴

Erste Pläne für die Straße wurden Anfang der 1920er Jahre ersonnen. 1929 war die Arbeitslosenquote in Österreich auf 26 % angestiegen. Die Großglocknerstraße, gedacht als Attraktion für den Fremdenverkehr, wurde von 1930 bis 1935 mit 3200 Arbeitern realisiert – eine gewaltige Arbeitsbeschaffungsmaßnahme. Der junge Ingenieur Franz Wallack passte als passionierter Alpinist die Straße dem Gelände an.

Ein Lindwurm durch die Berge: Großglockner-Hochalpenstraße

Die Großglocknerstraße ist eine der imponierendsten Gebirgsstraßen der Alpen! In Bruck beginnt die Zählung der Panoramastrecke, abzulesen an den Kilometersteinen.

3 Karte Seite 50

Glockner-Kraftwerk

In den 1920er-Jahren entstand die Idee, auf dem 2040 m hohen Mooserboden in den Hohen Tauern ein Großkraftwerk zu bauen, das fast das Dreifache des damaligen Strombedarfs ganz Österreichs erzeugen sollte. 1944 ging die Hauptstufe in Betrieb. Heute arbeiten zwei vollautomatisierte Kraftwerksstufen, die von einer Zentralwarte aus gesteuert werden.
Die beiden von nacktem Felsen gerahmten Hochgebirgsseen fügen sich so harmonisch in die Umgebung ein, dass man fast vergessen könnte, dass es sich um künstliche Gewässer handelt. Der untere *Stausee Wasserfallboden fasst 81,2 Mio. m^3 Wasser, die Staumauer ist 120 m hoch. In den Stausee Mooserboden passen 84,9 Mio. m^3, von 107 und 112 m hohen Sperren gehalten. Er ist durch einen 11,5 km langen Stollen mit dem Stausee Margaritze an der Großglockner-Hochalpenstraße verbunden (Ende Mai bis Anfang Okt. je nach Witterung Fahrten zu den Stauseen, tgl. 8–16 Uhr, Tel. 0 65 47/71 51 und 2 32 01).

3
Karte Seite 50

Taxhof, Hundsdorf 15, Bruck, Tel. (0 65 45) 62 61. Mustergültig renoviertes Haus, schöne Stuben und dazu hervorragende Küche aus der eigenen ökologischen Landwirtschaft. Mo/Di geschl. OO

Am Parkplatz Piffkar, nach 20 km, sollte man anhalten und sich circa 30 Minuten Zeit für den Panoramaweg nehmen. Schautafeln erläutern die Tier- und Pflanzenwelt. Bei km 26 ist ein Museum entstanden, in dem eine Tonbildschau das labile ökologische Gefüge der Tauern beschreibt.

Am Fuscher Törl I zweigt eine Stichstraße zur **Edelweißspitze** (2577 m) ab. Der Blick in die Gebirgswelt ist überwältigend: 37 Dreitausender und 19 Gletscher sind bei gutem Wetter zu zählen.

In Guttal, nach 40 km, führt eine weitere, 8,7 km lange Stichstraße zur **Franz-Josefs-Höhe.** Bei Guttal am Glocknerhaus kann man das Auto stehen lassen. Über einen markierten Gletscherschaupfad erreicht der Bergwanderer in rund zwei Stunden entlang des Margaritzen-Speichers die Standseilbahn zur Franz-Josefs-Höhe, die die letzten 143 Höhenmeter überbrückt. Oben angekommen ragt der ***Großglockner** (3797 m) majestätisch und bedrohlich zugleich auf.

Vom Großglockner aus kann man den 2,5 km langen **Naturlehrpfad Gamsgrube** begehen, der sich unterhalb des 10 km² großen *Pasterzegletschers, des größten der Ostalpen, hinzieht.

Bei ***Heiligenblut** ㉑ (1300 Einw.) endet die 48 km lange Hochalpenstraße, die Berge gruppieren sich zur Kulisse für ein schmuckes Dorf, in dem die spätgotische Pfarrkirche St. Vinzenz gen Himmel zu streben scheint.

Im ewigen Eis: Pasterzegletscher am Großglockner

Lienz ㉒

Lienz (13 000 Einw., 143 km) ist die Hauptstadt Osttirols. Das Gebiet war schon in vorchristlicher Zeit besiedelt, wie Funde aus der Illyrer- und Römerzeit beweisen. 5 km östlich von Lienz legten Archäologen Teile der ältesten römischen Talsiedlung in Österreich frei: Aguntum wurde um 50 n. Chr. gegründet. Lienz' gesamtes Innenstadtensemble wirkt recht südländisch. Kein Wunder, waren es nach den Görzer Grafen doch ab 1501 die Südtiroler Grafen Wolkenstein-Rodenegg, die die Architektur der Stadt prägten. Ihnen diente das **Rathaus** am Hauptplatz einst als Stadtresidenz. Die Schweizer Gasse führt zum 1210 erbauten **Dominikanerinnen-Kloster** und zur **Riepler-Schmiede** (Freilichtmuseum).

Ein Spaziergang am Flussufer endet bei **Schloss Bruck** im Westen der Stadt. Die Trutzburg der Görzer Grafen stammt aus dem 12.–13. Jh. und beherbergt das Osttiroler Heimatmuseum, wo Gemälde Osttiroler Künstler, Fundstücke aus Aguntum und Werkzeuge der Osttiroler Bergbauern zu sehen sind (April–Okt. Di–Sa 9–12, 14–18 Uhr).

Raureif im Defereggental, dem bekanntesten der Osttiroler Täler

Das Matreier Tauernhaus

3 Karte Seite 50

Tourismusverband Lienzer Dolomiten, Europaplatz 1, Tel. (0 48 52) 6 52 65, Fax 6 52 65-2, www.lienz-tourismus.at.

Parkhotel Tristachersee, Amlach, Tel. (0 48 52) 6 76 66, Fax 6 76 99, www.parkhotel-tristachersee.at. Am Ufer des kleinen Badesees (3 km südl. von Lienz), Restaurant mit guter Küche. ❍❍

Gasthof Griebelehof, Schlossberg 10, Tel. (0 48 52) 6 21 91. Wunderschönes altes Haus mit Bauernstube von 1771, Gastgarten, eigene Landwirtschaft. ❍❍

*Defereggental ㉓

Im dem bezaubernden, 35 km langen Tal nordwestlich von Lienz sind noch viele bezaubernde alte Holzhäuser erhalten. **Ratzell** hoch über Hopfgarten ist ein Kuriosum: Die acht Höfe, die in 1500 m Höhe am Hang kleben, sind nur durch eine Seilbahn mit dem Tal verbunden. Sie wird in Bewegung gesetzt, wenn man das Telefon in einer Holzhütte in Döllach betätigt.

Seitentäler an der Felbertauernstraße

Von ***Kals** ㉔ am Fuße des Großglockners lohnen bei gutem Wetter die Fahrt mit der Bergbahn zum Panoramarestaurant und der Panoramaweg auf das Kals-Matreier-Törl (2207 m; 1 Std.) mit Blick auf 60 weitere Dreitausender.

Im **Virgental** ㉕ findet man noch intakte Dorfstrukturen. Im Weiler **Ganz** beeindrucken die romanischen Fresken der Kirche ****St. Nikolaus** (Schlüssel im Nachbargebäude). Eine weitere Attraktion sind die ***Umbalfälle** am Talende. Ab Ströden kann man zur Pebellalm wandern (ca. 30 Min.), dort beginnt der Wasserschaupfad entlang des Baches Isel zu den Fällen.

Gasthof Olcherhof, St. Andrä 53, Prägraten, Tel. (0 48 77) 52 37. Typischer Osttiroler Gasthof. ❍❍

Am Felbertauern-Südportal, kurz vor dem Tunnel, zweigt eine Straße zum **Matreier Tauernhaus** zu Füßen des Großvenediger (3674 m) ab. Von dort kann man in ca. 90 Minuten zu den **Gschlössalmen wandern – für Kenner der schönste Talschluss der Alpen.

Drei Tage Abenteuer beim **Großen Tauerntreck** von Matrei aus: Haflinger schleppen das Gepäck in Höhen zwischen 1700 und 3300 m. Dazu gibt es Hüttenromantik und einen dreieckigen Bergsee beim Abstieg vom Löbbentörl. Infos unter Tel. (0 48 75) 65 27. Das Virgentaler Hüttentelefon gibt Aufschluss über aktuelle Öffnungszeiten der Hütten und Extraprogramme: Tel. (0 48 77) 51 00.

3 Karte Seite 50

Zum Gerlospass

Der hübsche Ferienort **Neukirchen** ㉖ (2500 Einw., 300 km) ist Sitz der Verwaltung des Nationalparks Hohe Tauern und dient Wanderern und Bergfexen als Basislager: Die Zweitagestour zum **Großvenediger** (3674 m) ist nur für erfahrene Alpinisten geeignet, weniger anspruchsvoll gestaltet sich die Wanderung durch das Habachtal zur **Thüringer Hütte** auf 2300 m (6 Std.).

Kitschige Souvenirs, gebührenpflichtiger Wanderweg, teures Parken – an den ****Krimmler Wasserfällen** ㉗ (315 km) blüht der Tourismus: An manchen Tagen sind bis zu 9000 Besucher unterwegs! Die Wasserfälle gehören zu den sechs höchsten der Erde, während der Gletscherschmelze rauschen bis zu 400 000 l/s in drei Stufen 380 m tief zu Tal! Ein herrlicher Blick hierauf bietet sich beim Schönangerl (1285 m). Bei der Schettbrücke auf 1463 m am Oberen Fall trifft man nur noch echte Bergfexe, die auf dem Weg zum bewirtschafteten Krimmler Tauernhaus (15. Jh.) in 1622m Höhe sind (ab Krimml ca. 3 Std.). Die schöne Panoramastraße über den **Gerlospass** (1504 m) ist mautpflichtig.

Tour 4

Das Inntal

Kufstein → *Rattenberg → Jenbach → *Zillertal → Schwaz → *Hall → **Innsbruck → Wipp- und Stubaital → Seefeld → *Leutasch (180 km)

Tirols Hauptlebensader hat keinen guten Ruf: Durch eine zersiedelte Landschaft rollen auf der Autobahn Lkws und Pkws im Kolonnenverkehr Richtung Brenner – getreu der Maxime des Schriftstellers Herbert Rosendorfer: Gegenden nördlich des Alpenhauptkamms seien für menschliches Leben ungeeignet. Wie Unrecht haben sie alle! Denn abseits der Autobahn hat das nördliche Inntal so viel Reizvolles zu bieten, dass vier Tage wie im Flug vergehen.

Kufstein ㉘

Von den mittelalterlichen Gebäuden Kufsteins (14 000 Einw.), das schon 1339 Stadtrecht erhielt, haben nur wenige den verheerenden Großbrand von 1703 überstanden. Am Stadtplatz steht noch die spätgotische, immer wieder umgestaltete **Pfarrkirche St. Vitus.** Von hier aus gelangt man über einen steilen Treppenweg oder mit dem Lift ab Römergasse zu der gut erhaltenen **Festung** auf dem Burgfelsen – jahrhundertelang Zankapfel zwischen Bayern und Tirol. Im 90 m hohen Kaiserturm der Burg, unter den Habsburgern ein Gefängnis für politische Häftlinge, wurde das Heimatmuseum eingerichtet.

Die **Heldenorgel** im Bürgerturm der Burg Kufstein gilt als

Jahrhundertelang ein Zankapfel: die Burg Kufstein

größte Freiorgel der Welt. 4300 Pfeifen intonieren täglich um 12 Uhr (1. Juni. bis 15. Sept. auch um 18 Uhr) Musikstücke zum Gedenken an die Gefallenen des Ersten Weltkriegs.

Fremdenverkehrsverband, Münchener Str. 2, Tel. (0 53 72) 6 22 07, Fax 6 14 55, www.kufstein.at.

Auracher Löchl, Römerhofgasse 2–5, Tel. (0 53 72) 6 21 38, Fax 6 49 39, www.auracher-loechl.at. Historisches Haus, dem eine nette Weinstube angeschlossen ist. ❍❍

Bräustüberl, Oberer Stadtplatz 5 a, Tel. (0 53 72) 6 10 90. Sehr gemütliches Tiroler Wirtshaus mit bodenständiger Küche. ❍

Riedel Glas, Weissacher Str. 31, Tel. (0 53 72) 6 48 96. Fabrikverkauf des edlen Glases, die zweite Wahl ist deutlich billiger (Mo–Fr 9 bis 17.30, Sa 9–12 Uhr).

*Rattenberg ㉙

Rattenberg (2300 Einw., 30 km) kam zu Zeiten des Silber- und Kupferbergbaus und als Zollstelle vom 13.–18. Jh. zu Reichtum. Ende des 18. Jhs. versank es jedoch in Bedeutungslosigkeit, weil der Platz fehlte, um Manufakturen und Werkstätten anzusiedeln. Das ist heute ein Vorteil, denn das mittelalterliche Gesicht der Stadt lässt sich touristisch versilbern. Die spätgotische, barockisierte Kirche **St. Virgil** hat zwei Schiffe und zwei Chöre, jeweils für die Bergleute und die Bürger, die aus Standesdünkel nie hätten nebeneinander sitzen wollen.

Schöne Glasbläserarbeiten sind bei **Kisslinger** in Rattenberg, Südtiroler Str. 21, zu bekommen (Mo–Fr 8.30–18 Uhr).

▪ Die **Giesswein Walkwaren AG** in Brixlegg, Niederfelderweg 5–7, verkauft ab Werk pfiffige Trachtenkleidung (Mo–Fr 9–18, Sa 9–13 Uhr).

4 Karte Seite 59

Von Kramsach bis Jenbach

Im ruhigen Erholungsort **Kramsach ㉚** (4000 Einw.) sollte man sich für das Bauernhof-Freilichtmuseum etwa zwei Stunden Zeit nehmen. Auf den von der Kunstschmiede-Familie Sagzahn gesammelten Grabkreuzen findet man Inschriften wie »Hier ruht in süßer Ruh, erdrückt von seiner Kuh, Xaver Mayer« (Ortsteil Hagau, Tel. 0 53 37/6 24 47).

Gasthaus Voldöpp, Voldöpp 30, Tel. (0 53 37) 6 23 33. Brotzeiten und deftige Menüs, Di geschl. ❍❍

Jenbach ㉛ (6000 Einw., 42 km) bildet das Tor zum Achensee nach Norden und zum Zillertal in Richtung Süden. Der Bahnhof ist ein wahres Kuriosum, denn hier enden Gleise mit drei Spurweiten: die der Achenseebahn, die der Zillertalbahn und die mit Europastandard.

Die **Achenseebahn** ist die älteste Zahnradbahn der Welt mit reinem Dampfbetrieb. Auf 7 km überbrückt sie 440 Höhenmeter. In 45 Min. fährt sie von Jenbach nach Seespitz, wo man eine Seerundfahrt anschließen kann (Infos: ÖBB Bahnhof Jenbach, Tel. 0 52 44/62 54 80).

Über Jenbach thront ***Schloss Tratzberg,** das 1499 im Übergangsstil von der Gotik zur Renaissance entstand. Ein Saal ist mit dem Stammbaum der Habsburger ausgemalt.

Kampfszene auf Schloss Tratzberg

4
Karte Seite 59

Abstecher ins *Zillertal ㉜

Das Zillertal zieht schon seit 150 Jahren Urlauber an. Weniger überlaufen als der Talgrund ist die kurvenreiche

***Zillertaler Höhenstraße** über Zell am Ziller (hier mündet von Osten die Gerlospass-Straße, s. S. 56) mit herrlichen Ausblicken auf die Zillertaler und Kitzbüheler Alpen (Mautstelle bei Zellberg).

Bei Mayrhofen zweigt die Strasse ins landschaftlich schöne Tuxertal ab. Auf dem **Hintertuxer Gletscher** im Talende (40 km ab Jenbach) kann man auch im Sommer Ski laufen.

Nostalgisch gestaltet sich eine Fahrt mit der **Zillertalbahn** zwischen Jenbach und Mayrhofen (ab Mayrhofen 12.10 und 16.20 Uhr).

i **Tourismusverband Zillertal,** Zell am Ziller, Tel. (0 52 82) 22 81, Fax 22 81-80, www.zillertal.at.

Hotel Gasthof Bräu, Dorfplatz 1, Jenbach, Tel. (0 52 82) 23 13, Fax 23 13-17, www.hotel-braeu.com. Gemütlich-rustikale Zimmer, Einheimischentreff, Tiroler Küche. ❍❍

Schwaz ㉝

Schwaz (12 000 Einw., 90 km) erlebte seinen Boom ab 1400, als in der Region reiche Silbervorkommen entdeckt wurden. Die Habsburger verpachteten das Bergwerk an die Fugger, die bis zu 10 000 Knappen beschäftigten. Vom ehemaligen Reichtum der Stadt ist wegen der Zerstörungen im Zweiten Weltkrieg nur noch wenig zu erahnen. Lediglich das spätgotische **Fuggerhaus** und die Stadtkirche ***Zu Unserer Lieben Frau**

4 Karte Seite 59

am Stadtplatz erinnern an die große Epoche. Die gotische Hallenkirche ist die größte Tirols. Teile der Stollen unter dem Kellerjoch sind heute zugänglich: Im ***Schaubergwerk** stellen lebensgroße Puppen die gefährliche Arbeit der Knappen nach.

Tourismusverband Schwaz-Pill, Franz-Josef-Str. 26, Tel. (0 52 42) 63 24 00, Fax 6 56 30, www.schwaz-info.at.

Bio-Aktiv-Hotel Grafenast, Pillbergstr. 205, Tel. (0 52 42) 6 32 09, Fax 6 32 09-99, www.grafenast.at. Naturküche, Wellness vom römischen Caldarium bis zur Bachblütentherapie. ❍❍

4 Karte Seite 59

Zum Hirschen, Husselstr. 39, Tel. (0 52 42) 6 51 26. Bäuerliches Gasthaus mit regionaler Küche und besten Hausbränden. ❍❍

Kurz vor Hall präsentieren sich die ***Kristallwelten Wattens** 34 mystisch, experimentell und verwirrend für die Sinne. Zum 100-jährigen Jubiläum der Firma Swarovski gestaltete André Heller 1995 eine Erlebniswelt rund um die Kunst des facettenreichen Glasschliffs.

In **Fritzens** bei Wattens kann man bei Günter Rochelt die Herstellung köstlicher Obstbrände mitverfolgen (Tel. 0 52 24/5 24 62).

*Hall 35

Hall (13 000 Einw., 110 km) lebt gut damit, ein wenig im Schatten von Innsbruck zu stehen. Schon im 13. Jh. begann man die Salzstöcke des Halltals auszubeuten, die Stadt kam schnell zu Reichtum. 1477 verlegte Herzog Sigmund die Münzprägestätte von Meran nach Hall. Der heutige Besucher kann im **Münzmuseum** in der Burg Hasegg selber eine Münze schlagen. Außerdem erfährt er vieles über den Maria-Theresia-Thaler und die Münzen, die Andreas Hofer 1809 hier prägen ließ.

Danach darf ein Stadtspaziergang nicht fehlen. Kreuz und quer ziehen sich die kleinen Gassen, zeigen Treppen- und Zickzackgiebel, Erker und Söller, prächtige Portale und markante Erdbebensäulen – und viele Kirchen, da-runter die ***Pfarrkirche St. Nikolaus** (14./15. Jh.), deren Waldaufkapelle besonders kostbar ausgestattet ist.

Fremdenverkehrsverband, Wallpachgasse 5, Tel. (0 52 23) 5 62 69, Fax 5 62 69 20, www.hall-in-tirol.at.

Gasthof Breze, Salzburger Str. 5, Tel. (0 52 23) 5 67 52. Vorzügliche Tiroler Küche, Di/Mi geschl. ❍❍

Goldener Engl, Unterer Stadtplatz 5, Tel. (0 52 23) 5 68 41. 300 Jahre altes Haus, Tiroler Spezialitäten. ❍❍

Die **Diana Bar** (Oberer Stadtplatz) ist der Inbegriff einer Bar und garantiert »anmachefrei«. Hier zählt einzig die Kennerschaft echter Getränkegourmets.

9 **Innsbruck 36

»Hohe Berge, starke Stadt« – dieser Werbeslogan charakterisiert Innsbruck (128 000 Einw., 118 km) vortrefflich. Obwohl die Felswände des Karwendelgebirges steil hinter den letzten Häusern aufragen, entsteht nicht der Eindruck drangvoller Enge.

Die Berge bilden vielmehr einen prächtigen Hintergrund für die spätgotische Innenstadt.

Eckdaten von Innsbrucks Geschichte sind der Aufstieg der Stadt zum Zentrum des Habsburgerreiches unter Maximilian I., die Gründung der Universität 1669 und das Jahr 1809, als Andreas Hofer mit seinen Getreuen in drei legendären Schlachten am Bergisel die bayerischen Besatzer in die Flucht schlagen und in die Hofburg einziehen konnte, auch wenn Tirol dann noch einmal vorübergehend an Bayern fiel.

Als Loge erbaute Maximilian I. sich das **Goldene Dachl** Ⓐ; der Erker ist mit 2734 feuervergoldeten Kupferplatten verkleidet. In dem Gebäude ist das **Maximilianeum untergebracht: Maximilians Leben wird in einem interessanten Film und mit wenigen, aber höchst eindrucksvollen Exponaten nachgezeichnet. Der 57 m hohe **Stadtturm** Ⓑ in der Altstadt dokumentierte bereits im 15. Jh. die Macht des freien Bürgertums. Stuckaturen und Gemälde im **Dom** Ⓒ (1717–1722) wurden von den Brüdern Asam gestaltet, ein Gnadenbild am Hochaltar fertigte Lucas Cranach d. Ä. um 1530 an. Zwischen Domplatz und Rennweg erstreckt sich die im Stil des Wiener Spätrokoko erbaute **Hofburg** Ⓓ, deren Prunkräume zu besichtigen sind. Eine hübsche Sammlung von Bauern-

4
Karte Seite 62

Von Zechprellerei und ihren Folgen

Der Kaiser war zutiefst empört. Gut, er hatte bei seinen Aufenthalten in den Innsbrucker Gasthäusern nie für seinen Hofstaat bezahlt, aber mussten deshalb die Wirte gleich so unverschämt sein und den Einzug seines vielköpfigen Trosses in die von ihm erwählte, ja erhobene Stadt verhindern? Schließlich war er der Kaiser, und er wollte es ihnen schon zeigen! Testamentarisch verfügte er, dass er keinesfalls in Innsbruck bestattet sein wollte, dass seine prächtige Grablege in der Georgskapelle in Wiener Neustadt aufzustellen sei.

Was für ein Verlust für Tirol! Maximilian selbst hatte die Ideenwelt entwickelt, die dem Gesamtkunstwerk seines Grabmals zugrunde liegt: Büsten römischer Imperatoren und Heiligenfiguren symbolisieren die antike und christliche Tradition seines Kaisertums, 24 Alabastertafeln geben ruhmreiche Begebenheiten aus seinem Leben an die Nachwelt weiter, 28 überlebensgroße Bronzestatuen stellen seine realen oder sagenhaften Vorfahren dar, alle um sein Grab versammelt. 50 Jahre arbeiteten Bronzegießer, Bildhauer und Maler – unter ihnen Veit Stoß, Albrecht Dürer und Hans Leinberger – an diesem Riesenprojekt und konnten es auch nach Maximilians Tod nie ganz fertig stellen.

Trotzdem besaß das Ergebnis gigantische Ausmaße – zu gigantisch für den Wiener Neustädter Dom. So ließ der Enkel Ferdinand I. das Wunderwerk der Renaissance doch in Innsbruck in der Hofkirche aufstellen, ohne den Leichnam des Großvaters. Über Ersteres freuen sich die heutigen Wirte, Letzteres können sie verschmerzen.

stuben, Trachten und Krippen können Sie sich im ***Tiroler Volkskunstmuseum** Ⓔ am Rennweg anschauen.

Höhepunkt des Rundgangs ist aber die ****Hofkirche** Ⓕ oder »Schwarzmanderkirche«, erbaut 1553–1563 im Auftrag von Kaiser Ferdinand I. als Grab- und Gedächtnisstätte für seinen Großvater Maximilian.

Der Burggraben markiert den ehemaligen Verlauf der Stadtmauer. Außerhalb des mittelalterlichen Kerns bezaubert die ***Maria-Theresia-Straße** Ⓖ mit Barockfassaden. Ihren Abschluss bildet eine **Triumphpforte** Ⓗ zu Ehren der Hochzeit Leopold von Habsburgs mit der spanischen Infantin Maria Ludovica im Jahre 1765. Der Vater des Bräutigams, Kaiser Franz I., verstarb noch während der Feierlichkeiten. Deshalb hat die Pforte zwei Gesichter: Die nach Süden gewandte Seite symbolisiert den Neubeginn, die der Stadt zugewandte die Trauer.

Im Vorort Wilten führt von der ***Wiltener Pfarrkirche,** einer der harmonischsten Rokokokirchen Tirols, ein ca. 40-minütiger Spazierweg zum ****Schloss Ambras,** das Erzherzog Ferdinand II. im 16. Jh. für seine bürgerliche Frau, die schöne Philippine Welser, erbauen ließ. Das Renaissanceschloss beherbergt heute eine Galerie mit den Porträts von 270 Habsburgern.

4
Karte Seite 62

Ⓐ Goldenes Dachl
Ⓑ Stadtturm
Ⓒ Dom
Ⓓ Hofburg
Ⓔ Tiroler Volkskunstmuseum
Ⓕ Hofkirche
Ⓖ Maria-Theresia-Straße
Ⓗ Triumphpforte

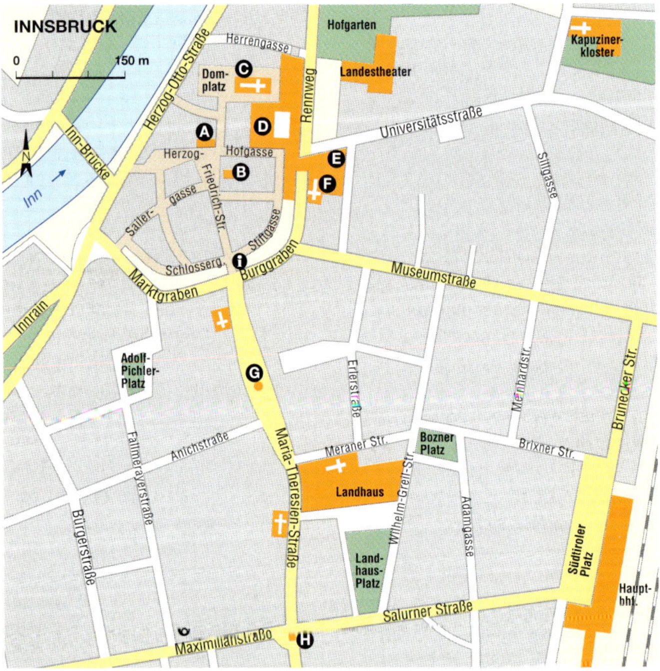

Das Goldene Dachl

Herbert Rosendorfer, **Zwei Tage in Innsbruck,** Sammlung »Ball bei Thod« (dtv).

Tourismusverband Innsbruck/ Igls, Burggraben 3, Tel. (05 12) 5 98 50, Fax 5 98 50-7, www.innsbruck-tourismus.com.

Bahnverbindungen: Im Juli und August (Mi 13.30 Uhr) schnauft ein Nostalgiezug in 50 Minuten von Innsbruck über Fulpmes zur Mitterer Alm. Die Karwendelbahn fährt durch 18 Tunnels und viele Viadukte von Innsbruck über Hochzirl nach Reith, Seefeld und Scharnitz (50 Min.).

Weißes Kreuz, Herzog-Friedrich-Str. 31, Tel. (05 12) 5 94 79, Fax 5 94 79-90, www.weisseskreuz.at. Mitten im historischen Zentrum. Schon Mozart hat sich hier eingerichtet. ❍❍

Bon Alpina, Hilber Str. 8, Igls, Tel. (05 12) 37 72 19, Fax 37 76 00 10, www.innsbruck-hotels.at. Familiäres Haus im netten Ort Igls. ❍❍

Philippine, Templstr. 2/III, Tel. (05 12) 58 91 57. Vegetarische Küche, ein beliebter Treff zur Mittagszeit, So geschl. ❍❍

Schwarzer Adler, Kaiserjägerstr. 2, Tel. (05 12) 58 71 09, www.deradler.com. Gepflegte Tiroler Küche in schön renovierten Stuben, So geschl. ❍❍

Krahvogel, Anichstr. 12. Edelbierlokal mit der »Unsicht Bar«, wo man tatsächlich im Dunkeln tappt. ❍

Treibhaus, Angerzellgasse 8. Konzerte von Jazz bis Pop.

Sweet Basil Bar, im Weißen Kreuz. In-Bar mit feinen Cocktails.

Filou, Stiftgasse 12. Die besten Spareribs und eine plüschige Bar.

In den **Bars der Viaduktbögen** toben die Kids und die Snowboarder-Szene.

Will man mitten aus der Stadt direkt in hochalpines Gelände, fährt man mit der Nordkettenbahn hinauf zur **Seegrube** (1905 m) und kann dann über den Langen Sattel zur **Östlichen Sattelspitze** (2370 m) wandern. Der Ausblick über Innsbruck und das Inntal lohnt die Anstrengung. Zurück kommt man wieder zu Fuß über die Höttinger Alm und die Hungerburg (Gehzeit rund 5 Std.).

Um Mitbringsel zu kaufen, sind die Laubengänge der Altstadt bestens geeignet: Glitzerndes **Kristall** von Swarovski (s. S. 60) bekommt

4 Karte Seite 62

man hier ebenso (Swarovski-Haus, Herzog-Friedrich-Straße 39) wie Tiroler **Trachtenmode** (Trachten Ritzer, Herzog-Friedrich-Straße) oder auch allerlei Krimskrams.

Innsbruck war 1964 und 1976 Schauplatz der **Olympischen Winterspiele.** Um auch für einen dritten Anlauf gerüstet zu sein, wurde 2002 die Olympia-Sprungschanze mit dem Stadion völlig umgestaltet. Im Winter finden hier Sprungbewerbe wie die Vier-Schanzen-Tournee, im Sommer auch **Popkonzerte** statt. Wenn nichts los ist, kann man den Sprungturm auch besichtigen.

4
Karte Seite 59

Ausflüge von Innsbruck

Wipptal (37)

Meistens brausen die Touristen durch das Wipptal auf der Autobahn Richtung Brenner, ohne einen Blick nach links oder rechts zu riskieren. Schade, denn die Dörfer **Steinach, Matrei** und **Gries am Brenner** lohnen einen Besuch, waren sie doch einst wichtige Rast- und Mautstellen auf dem Weg über den Pass. Davon zeugen noch die grossen Handels- und Bürgerhäuser im Zentrum. Eine landschaftliche Idylle ist das **Obernbergtal** mit seinem See, in dessen Wasser sich der Pflerscher Tribulaun, imposanter Grenzberg zwischen Nord- und Südtirol, spiegelt.

Stubaital (38)

Von Innsbruck aus quält sich täglich die Stubaitalbahn bis ins hinterste Stubaital, nach Neustift: Sie wurde als eine der ersten Bahnen Österreichs 1904 elektrifiziert. In **Neustift** (22 km) liegt die Talstation der Seilbahn auf den Stubaier Gletscher, ein Sommerskigebiet. In **Fulpmes** ist das Schmiedemuseum mit alten Werkzeugen und Essen einen Besuch wert, das daran erinnert, dass einst im Ort mehr als 50 Schmieden standen.

Seefeld (39)

Der Ort (2300 Einw., 170 km) am westlichen Rand des Karwendelgebirges ist mit allem ausgestattet, was zu einem mondänen Wintersportort gehört: herrliche Langlaufloipen und zünftige Skipisten auf dem *Seefelder Plateau, Luxushotels und ein Kasino in der Stadt. Die gotische ****Pfarrkirche St. Oswald** vereint an Kunstschätzen u. a. eine Kanzel aus dem 16. Jh. und einen Renaissance-Taufstein. Wahrzeichen des Ortes ist jedoch das ****Seekirchlein** von 1628, ein markanter achteckiger Kuppelbau.

*Leutasch

Die Leutasch mit der gleichnamigen Gemeinde (180 km) ist ein Hochgebirgstal von 16 km Länge, das 20 Ortsteile umfasst. Es weist nur 30 m Höhenunterschied auf und eignet sich besonders gut zum Radeln, Langlaufen und Wandern.

Das Seekirchlein in Seefeld

Ein Bayer in Tirol

Der bayrische Schriftsteller Ludwig Ganghofer pachtete in der Leutasch eine der größten Jagden der Nordalpen und erboste damit einheimische Waidmänner. Schon um 1900 konstatierte daher der Landeshauptmann Schraffl, » ... dass der patriotisch gesinnte Tiroler einer kleinen Gesellschaft von Ausländern im eigenen Lande hilf- und schutzlos preisgegeben ist«.

Tour 5

Vom Bodensee nach Tirol

Bregenz → Dornbirn → **Bregenzerwald → *Feldkirch → *Montafon → *Silvretta-Hochalpenstraße → *Paznauntal → Imst → *Sellraintal → Innsbruck (290 km)

Diese Tour, für die man vier Tage einplanen sollte, führt vom Dreiländereck des Bodensees durch anmutiges Bergland hinein in hochalpine Zonen. Die Fahrt beginnt im alemannischen Vorarlberg und endet im bajuwarischen Tirol – und es sind nicht nur gewaltige Bergketten, die diese beiden Regionen trennen ...

5 Karte Seite 58

Bregenz ㊵

Bregenz (27 000 Einw.), die Hauptstadt des Bundeslandes, frisst sich mit seinen Vororten ins zersiedelte Rheintal. Im Zentrum mischt sich alte Bausubstanz mit Nachkriegsbausünden und postmodernen Experimenten. Dennoch bietet Bregenz ein heiteres Bild, besonders zur Festspielzeit. Einen Spaziergang beginnt man am besten beim **Kloster Mehrerau,** einer Zisterzienserabtei aus dem 11. Jh., von der die Christianisierung des gesamten Bregenzerwalds ausging. Von hier gelangt man auf den Strandweg zum **Festspiel- und Kongresshaus.** 1946 wurde das »Spiel auf dem See« gegründet, und seither erklingen hier Opern. Die Bühne befindet sich auf einem schwimmenden Ponton im See, die rund 6000 Zuschauer fassende Tribüne liegt an Land. Das **Vorarlberger Landesmuseum** an der Nordseite des Kornmarktplatzes dokumentiert die Siedlungsgeschichte von der Steinzeit bis hin zur Gegenwart; weitere Schwerpunkte sind Wohnkultur, Kunstgewerbe und Malerei. In der Oberstadt zeigt Bregenz sein mittelalterliches Gesicht mit engen Gassen und schmalen Fassaden. Das **Kunsthaus Bregenz,** ein Glaskubus des deutsch-Schweizer Architekten Peter Zumthor, ist architektonisch hochinteressant, beeindruckt aber auch mit guten Wechselausstellungen. Vom um 1600 erbauten Martinsturm (Heimatmuseum) hat man eine schöne Aussicht über die Stadt und den See.

Einen noch besseren Überblick gewinnt man vom **Pfänder** (1064 m, Greifvogelschau). Dorthin gelangt man mit der Seilbahn ab Schillerstraße östlich des Hafengebäudes oder mit dem Auto über Lochau und Haggen. Sportlernaturen wählen einen recht steilen, zweistündigen Fußweg über Hintermoos. Wer die ruhigere und von Einheimischen bevorzugte Aussichtsvariante wählt, fährt die Serpentinen hinauf nach ***Fluh** am Gebhardsberg und findet einen Logenplatz auf der Panoramaterrasse des »Adler«.

i **Vorarlberg Tourismus,** Bahnhofstraße 14, 6901 Bregenz, Tel. (0 55 74) 4 25 25-0, Fax 4 25 25-5, www.vorarlberg-tourism.at.

Hotel Schwärzler, Landstr. 9, Tel. 49 90, Fax 4 75 75, www.abnet.at/hotel/vorarl/bschwaerzler. Elegantes Haus in ruhiger Lage, Pauschalangebote zur Festspielzeit. ❍❍

Gasthaus Adler, Fluh 11, Bregenz-Fluh, Tel. (0 55 74) 4 48 72, im Winter Mo Ruhetag. Typisches Vorarlberger Gasthaus hoch über dem See. ❍

In Vorarlberg werden hölzerne Dachschindeln bis heute teilweise von Hand gefertigt

In Hard kann man im einzigen **Textildruckmuseum** Europas selbst Tücher bedrucken, Tel. (0 55 74) 6 97 20.

In den **Bregenzerwald

Nach der herrlichen Ruhe in Fluh wirkt die industrialisierte Rheinebene bis **Dornbirn** ㊶ (40 000 Einw., 9 km) ernüchternd. Die größte Stadt Vorarlbergs ist baulich uneinheitlich und wenig malerisch. Den Marktplatz dominiert die 1840 erbaute Stadtpfarrkirche. Daneben steht das sogenannte Rote Haus von 1639, ein repräsentatives Rheintaler Haus mit rot gestrichener Holzfront. Es sollte Straßburger Ziegelfachwerk imitieren, eine Modeerscheinung des 17. Jhs.

In der Marktstraße befindet sich die Vorarlberger Naturschau mit umfangreichen, vielfältigen Exponaten u. a. zur heimischen Flora und Fauna und

Architektonisch ansprechende Fußgängerzone in Dornbirn

einer sehr informativen Abteilung zur Siedlungsweise im Bregenzerwald.

Vor der Fahrt durch den Bregenzerwald bietet sich ein Abstecher zur tief in den Fels ragenden ****Rappenlochschlucht** an. Der befestigte Fußweg an der Ache entlang verspricht selbst im Hochsommer angenehme Kühle.

*Schwarzenberg ㊷

Auf landschaftlich schöner Strecke geht es nach Schwarzenberg (1600 Einw., 22 km), dessen Marktplatz von wunderschönen Vorarlberger Häusern

Die »Gsieberger«

Die übrigen Österreicher spötteln gern ein bisschen über das »Ländle« und seine »Gsieberger« (»i bin gsie« für »ich bin gewesen«). Dabei sind die Vorarlberger alles andere als altmodisch, sie verquicken vielmehr ganz vortrefflich Tradition, Landwirtschaft und altes Handwerk mit einem umweltgerechten Tourismus und moderner Industrie. Vorarlberg exportiert dreimal so viel pro Einwohner wie Japan und sechsmal so viel wie die USA!

5 Karte Seite 58

gerahmt wird. Heute sind nur noch drei von ihnen Gasthäuser, früher waren es sogar sechs. Das *Heimatmuseum in einem typischen Wälderhaus zeigt neben Gemälden der Malerin Angelika Kauffmann (s. u.) Trachten und Kunsthandwerk.

Bregenzerwald Tourismus, Egg, Tel. (0 55 12) 23 65, Fax 30 10, www.bregenzerwald.at.

Gasthof Hirschen, Schwarzenberg, Tel. (0 55 12) 2 94 40, Fax 29 44 20, www.hirschen schwarzenberg.at. Romantisches Haus (○○), Haubenlokal (○○○).
Post, Bezau, Tel. (0 55 14) 2 20 70, Fax 22 07 22, www.hotelpostbezau.com. Eleganter Luxus gepaart mit traditioneller Gemütlichkeit, Tennishalle, Beautycenter. ○○○

Gasthaus Tonele, Rain 96, Egg, Tel. (0 55 12) 23 27. Nennt sich selbstbewusst »Gasthaus ohne Hauben«. Alte Bauernstube. ○

Nach Rankweil

In Au wendet sich die Route nach Südwesten und führt ins hübsche **Laternser Tal** mit seinen alten Holzhäusern. In der Ortsmitte von **Rankweil** ㊸ (1500 Einw., 83 km) thront auf einem Felsen über den Resten einer Burg aus dem 14. Jh. die Wallfahrtskirche Maria Heimsuchung; von hier hat man einen schönen Blick über das Rheintal und bis zu den Glarner Alpen.

*Feldkirch ㊹

Im 12. und 13. Jh. war die Stadt (89 km) derer von Montfort. Um 1190 ließ Graf Hugo I. die Schattenburg bauen. Sie birgt heute das Heimatmuseum und eine Waffensammlung. Am lang gestreckten Marktplatz empfängt Feldkirch seine Besucher mit mittelalterlichem Charme, schönen Laubengängen und Patrizierhäusern. Beim Gauklerfest im August wird das Mittelalter sogar wieder lebendig! Über die

5 Karte Seite 58

Angelika Kauffmann

Am 30. Oktober 1741 wurde Angelika Kauffmann in Chur geboren. Sie war die Tochter des Kirchen- und Bildnismalers Joseph Johann Kauffmann, der die künstlerische Begabung seiner Tochter früh erkannte und sie in Italien unterrichten ließ. Als die Mutter 1757 starb, übersiedelten Vater und Tochter nach Schwarzenberg, und Angelika malte als 16-jähriges Mädchen die Pfarrkirche mit eindrucksvollen Apostelbildern aus. Von 1782 bis zu ihrem Tod 1807 lebte die klassizistische Malerin in Rom, ihr Haus war ein hoch angesehener Künstler- und Gelehrtentreffpunkt, in dem auch Winckelmann, Goethe und Herder ein und aus gingen. Selbst Kaiser Joseph II. kam zu Besuch. Angelika Kauffmanns große Liebe aber galt der Vorarlberger Heimat, und sie vermachte ihrer Heimatpfarrei ein wunderbares Hochaltarbild. Auch wenn die Schweiz die Künstlerin heute als prominentes Kind des Landes beansprucht – ihr selbst wäre das gar nicht recht: In ihrem Testament schreibt sie wörtlich: »... da ich aus Zufall in Chur in Graubünden geboren bin«.

Kreuzgasse schlendert man am Liechtensteinischen Amtshaus, einem fünfstöckigen, repräsentativen Fachwerkhaus von 1697, vorbei zum spätgotischen Dom. In ihm mischen sich moderne Elemente wie die Glasfenster von 1966 mit wertvollen alten Kunstgegenständen, z. B. einem zur Kanzel umgestalteten schmiedeeisernen Sakramentshaus. Der um 1500 erbaute Katzenturm (Katzen bedeutet hier Kanonen) am Hirschgraben ist ein trutziger Teil der Stadtbefestigung.

Feldkirch Tourismus, Herrengasse 12, Tel. (0 55 22) 7 34 67, Fax 7 98 67, www.feldkirch.at.

Gasthof Lingg, Kreuzgasse 10, Tel. (0 55 22) 7 20 62. Traditionsreiches Haus mit fast 200 Jahre altem Speisesaal und Blick auf den Marktplatz. Mo geschl. ❍

Abstecher

Das ***Brandnertal** ㊺ westlich von Bludenz ist eine vom Tourismus noch wenig berührte Gegend. Die Straße führt vorbei an alten Holzhäusern mit prächtigem Blumenschmuck. Die Berge steigen in mehreren Etagen auf: Almen, bewaldete Hügel, schroffe Felsen. Ab Brand windet sich die Straße steile 7 km hinauf zur Talstation der Lünersee-Bahn. Von der bewirtschafteten Neuen Douglass Hütte neben der Bergstation kann man eine Wanderung um den Lünersee (1 Std.) unternehmen.

Im *Montafon

Das Montafon wird im Westen von der 2643 m hohen Zimba überragt, die wegen ihrer charakteristischen Form »das Matterhorn Österreichs« genannt wird. **Vandans** ㊻ (1500 Einw., 119 km) am Talanfang ist eine rätoromanische Gründung, die auch von den Walsern bewohnt wurde und somit eine weitere Siedlungsform Vorarlbergs zeigt: Walserhäuser mit einem charakteristischen Untergeschoss aus Stein und einem Holzaufbau. Die aus dem Wallis stammenden Walser gelangten im 14. Jh. nach Vorarlberg und wurden auch dort zu Pionieren der Alpwirtschaft. Die Walser vererbten ihren Besitz ungeteilt an den Erstgeborenen, was die leer ausgegangenen Geschwister zum Fortziehen zwang – zur Walserwanderung.

Der Lünersee

Wer mehr über die Lebensweise im Montafon erfahren will, sollte in **Schruns** ㊼ (3500 Einw.) das Heimatmuseum besuchen. Im Hotel Traube in Schruns hat Ernest Hemingway im Winter 1926 an einem typischen Montafoner Tisch mit gedrechseltem Untergestell und intarsierter Platte gesessen und mit den Einheimischen gepokert.

Montafon Tourismus, Silbertaler Str. 1, Schruns, Tel. (0 55 56) 7 22 53, Fax 7 48 56, www.montafon.at.

5 Karte Seite 58

Montafoner Tracht heute

Im winterlichen Paznauntal treffen sich die Skifahrer

Unweit von Schruns liegt **Bartholomäberg** (2100 Einw.) auf einer Sonnenterrasse über dem Talgrund. Der Ort soll eine der ältesten Siedlungen des Montafons sein; wesentlich jüngeren Datums ist die 1732 erbaute Pfarrkirche mit einem wertvollen Schnitzaltar von 1525.

5 Karte Seite 58

Gasthaus Mühle, Bartholomäberg, Innerberg 12, Tel. (0 55 56) 7 31 12. Schöner Blick von der Terrasse auf das Tal, gutbürgerliche Küche. Mi Ruhetag. ❍

Ins *Paznauntal

In Partenen beginnt die 1953 fertig gestellte ***Silvretta-Hochalpenstraße** ㊽, die immer wieder Ausblicke auf die Gletscherwelt eröffnet. Auf 2032 m sind die Bielerhöhe und der Silvretta-Stausee mit seiner 80 m hohen Staumauer erreicht. Der Pass ist nicht nur eine Wasserscheide zwischen Rhein und Donau, er trennt auch Vorarlberg von Tirol und das Montafon vom Paznauntal.

Im Bergdorf **Galtür** (700 Einw., 166 km) im **Paznauntal** ㊾ kamen bei mehreren verheerenden Staublawinenabgängen im Februar 1999 38 Menschen ums Leben. So sehr die Natur auch ihre Gewalt unter Beweis gestellt hat – normalerweise zeigt sie hier ihr schönes Gesicht.

Von Galtür aus lassen sich herrliche Halbtageswanderungen unternehmen: durch das **Jamtal,** zum **Kopsstausee** und zum **Zeinisjoch** (1800 m). Hier markiert das kleine Kirchlein Rerarkappali (»reren« für weinen) den traurigen Platz, wo bis zum Ersten Weltkrieg die schwäbischen Talbauern jedes Frühjahr die Kinder der bettelarmen Galtürer Bergbauern in Empfang nahmen, um sie auf dem Kindermarkt in Ravensburg als Arbeitskräfte anzubieten. Nicht alle Kinder kamen im Herbst wohlbehalten zurück, manche starben unterwegs an Erschöpfung.

Gasthof Rössle, Hauptplatz, Galtür, Tel. (0 54 43) 8 23 20, www.roessle.com. Schönes Hotel mit Gourmetküche, ausgezeichneter Weinkeller. ❍❍

Trofana Royal, Ischgl 334, Tel. (0 54 44) 6 00, www.trofana.at. Hier wirkt einer der besten Köche Tirols. ❍❍❍

Wirtshaus Walserstube, im Heimatmuseum in Mathon zwischen Galtür und Ischgl, Tel. (0 55 44) 59 31. Paznauner Spezialitäten im 400 Jahre alten Krumpa-Haus. ❍❍

Die Burg Landeck thront über dem gleichnamigen Ort

Landeck ㊿

Landeck (7500 Einw., 202 km) war im Mittelalter ein wichtiger Verkehrsknotenpunkt zu den Passübergängen Reschen und Arlberg. Kunsthistorischer Anziehungspunkt ist die **Pfarrkirche,** eine imposante gotische Hallenkirche von 1471, deren Mittelschiff fast doppelt so hoch ist wie die Seitenschiffe.

Die gut erhaltene **Burg Landeck** aus der ersten Hälfte des 13. Jhs. gewährt neben einem schönen Ausblick ins Inntal in einem Heimatmuseum Einblick ins Tiroler Bauernleben und das kunsthandwerkliche Geschick der Bewohner.

Von Imst ins Özt- und *Sellraintal

Imst ㊶ (7500 Einw., 221 km) war einst ein wichtiger Haltepunkt an der Straße von Augsburg nach Oberitalien. Hier wurden die Pferde getränkt und der Mensch desgleichen – denn der Ort besaß eine Genehmigung für den Weinausschank! In den verwinkelten Gassen fallen die vielen Brunnen auf.

Handl Tyrol GmbH, Bundesstraße 33, 6551 Pians.
Hier können Sie Tiroler Speck direkt beim Hersteller kaufen. Mo–Fr 8–18, Sa 8–12 Uhr.

Das stille Sellraintal: etwas für Wanderer

Hinter Imst zweigt die Straße nach Oetz ab. Das äußere **Ötztal** ㊷ wurde aus dem Inntal besiedelt, das innere aus dem Südtiroler Vinschgau: Diesen Weg über die Berge benutzte auch der Ötzi, bevor er vor 4000 Jahren bereits im Ötztal, aber noch auf italienischem Staatsgebiet, ums Leben kam. Sölden und Obergurgl sind heute beliebte Skiorte (Gletscherskigebiet), das abgelegene Vent ist vor allem bei Wanderern sehr beliebt, und im Ötzi-Dorf in Umhausen wird das Alltagsleben der Jungsteinzeit wiederbelebt (Mai–Okt. tgl. 10–18 Uhr, Tel. 0 52 55/ 5 00 22, www.oetzi-dorf.at).

Ab Oetz windet sich die Straße in abenteuerlichen Kurven in das Hochtal von **Kühtai** ㊸ (2020 m) hinauf. Der Wintersportort, der nur rund zehn ständige Einwohner hat, markiert den Eingang in das ***Sellraintal.** In 2000 m Höhe verläuft es fast bis Innsbruck parallel zum Inntal und bietet dem Urlauber eine hervorragende Möglichkeit, in die faszinierende Bergwelt der Stubaier Alpen einzutauchen.

5 Karte Seite 58

Tour 6

Südlich-heiteres Kärnten

***Klagenfurt → Wörthersee → *Villach → **Weißensee → *Millstätter See → *Friesach → *Maria Saal → Klagenfurt (255 km)**

Es ist kein Privileg Kärntens, auf Seen mit Trinkwasserqualität stolz sein zu können. Nur haben andere Regionen Österreichs einen massiven Nachteil: Sie liegen auf der falschen Seite des Alpenhauptkamms! Während man am Fuschlsee im Salzburgischen abends mit dickem Winterpulli im Biergarten sitzt, reicht am Faaker See oftmals ein luftiges Sommerkleid. Kärntens Berge haben nichts Schroffes, sind vielmehr sanfte Buckel, die man in Anlehnung an die weichen, runden Salzburger Nockerl »Nockn« nennt – womit das Stichwort Kulinarisches gefallen ist: Kärnten liegt zwischen drei Kulturräumen – österreichisch, slawisch und italienisch – und verspricht viel Abwechslung auf der Speisekarte. Um diese Route in jeder Beziehung wirklich auszukosten, sollte man sich fünf Tage Zeit lassen.

6
Karte Seite 51

*Klagenfurt 64

Dreimal hat Kärntens Hauptstadt Klagenfurt (100 000 Einw.), die »Rose am Wörthersee«, einen Preis für Altstadtrevitalisierung erhalten, denn es ist ihr gelungen, das moderne Geschäftsleben harmonisch in die geschlossenen und eleganten Barock- und Renaissance-Ensembles zu integrieren. Die schachbrettartige Anlage von 1534 nach Plänen des Italieners Domenico de Lalio war damals in Österreich revolutionär. Die Altstadt erschließt sich am besten dem Müßiggänger: Man kann in Straßencafés sitzen, sich einfach treiben lassen oder in romantischen Arkadenhöfen Konzerten lauschen. Klagenfurt ist eine Kulturstadt, Robert Musil wurde hier geboren, Ingeborg Bachmann wuchs hier auf und hielt ihre Erinnerungen in dem Roman »Jugend in einer österreichischen Stadt« fest. Der nach ihr benannte Wettbewerb führt alljährlich im Juni für eine Woche Schriftsteller des deutschen Sprachraums zusammen.

Das Zentrum der Stadt bildet der **Neue Platz,** den der 1590 geschaffene, manieristische Lindwurmbrunnen aus grünem Chloritschiefer ziert. Angeblich soll ein Lindwurm hier sein Unwesen getrieben haben, bevor der Sumpf trockengelegt wurde, um auf ihm die Stadt zu erbauen. Tatsächlich fand man einen Schädel, der allerdings von einem Wollnashorn stammt. Das **Kärntner Landesmuseum** erklärt, wie dieses Nashorn nach Klagenfurt gekommen ist. 1591 wurde der Dom vollendet. Die lichte, hohe, im 18. Jh. nach einem Brand umgestaltete Wandpfeilerkirche ist Sitz des Fürstbischofs des Bistums Gurk. Luftigkeit umfängt im Innern, fragile Stuckornamente in Weiß und ein feines Rosa auf Decke und Wänden geben der Atmosphäre etwas Heiteres, Unbefangenes. Im Diözesanmuseum werden sakrale Kunstgegenstände aufbewahrt: Die Magdalenenscheibe von 1170 ist das älteste Glasbild Österreichs. Das ****Landhaus,** ein prächtiger Renaissancebau inmitten einer Gartenanlage, ist heute der Sitz des Parlaments. Den üppig bemalten Wappensaal zieren die 665 Wappen der Kärntner

Der Wappensaal des Landhauses in Klagenfurt

Landstände und Landesverweser. Hier beginnt das alte Stadtzentrum mit seinen Gassen und den Palais rund um den Alten Platz. An der Ecke zur Wiener Gasse steht das **Alte Rathaus** aus dem 17. Jh. mit herrlichem Innenhof.

Tourismus Information, Rathaus, Neuer Platz, Tel. (04 63) 5 37-2 23, Fax 5 37-2 95, www.info.klagenfurt.at.

Hotel Dermuth, Kohldorferstr. 52, St. Martin, Tel. (04 63) 2 12 47, Fax 2 12 47-17, www.hotel-dermuth.at. Schönes Hotel in einem Vorort im Grünen. ❍❍

Gasthaus zum Großglockner, »Pumpe«, Lidmanskygasse 2, Tel. (04 63) 5 71 96. Uriges Bierlokal, bodenständige Küche, So geschl. ❍

Ein beliebtes Ziel vor dem Wörthersee ist ***Minimundus** mit über 100 maßstabgetreuen Modellen wie dem Opernhaus in Sydney, dem Tadsch Mahal oder dem Wiener Prater.

Wörther- und Faaker See

Velden am Wörthersee ㊺ (22 km) erlangte bereits im 17. Jh. eine gewisse Berühmtheit – als sommerlicher Treff-

Das Veldener Schloss, heute in Besitz von Gunther Sachs

punkt der Aristokratie. Heute wirkt es – zumindest in der Hochsaison – wie eine Art Alpen-Mallorca. Später im Jahr, wenn die Veldener wieder unter sich sind, erholt sich auch das Kasino vom Ansturm und entfaltet seinen Charme.

Fabrik in Saag, zwischen Velden und Pörtschach. Eine der angesagten Diskotheken, geöffnet im Sommer ab 23 Uhr.

Rainer's Bar, Monte-Carlo-Platz, Pörtschach. Die Cocktail-Kreationen von Rainer Husar ziehen jeden Abend zahllose Unternehmungslustige an.

Über Rosegg geht es zum kleinen ***Faaker See** ㊻ hinunter, eine wahre Augenweide – besonders wenn das Abendlicht die Konturen der anthrazitgrauen Karawanken scharf nachzeichnet.

Roy Black in Velden

Die Filmemacher der 1950er und 1960er Jahre entdeckten den Ort als Kulisse für Heimatfilme und lösten damit einen Touristenansturm aus. Die RTL-Serie »Ein Schloss am Wörthersee« mit Roy Black, Uschi Glas und Pierre Brice in den Hauptrollen tat ein Übriges.

6 Karte Seite 51

*Villach (57) und Umgebung

In Villach (54 000 Einw., 41 km) gab es schon zur Römerzeit eine Brücke über die Drau. Im Zweiten Weltkrieg wurden viele Gebäude zerstört, der ***Hauptplatz** mit den Bürgerhäusern und einer leicht mediterranen Atmosphäre ist aber immer noch hübsch. Im stattlichen ***Paracelsushof** aus dem 16. Jh. hat Theophrastus Bombastus von Hohenheim vulgo Paracelsus als Kind gewohnt.

Warmbad Villach ist eine Thermalstadt aus Hotels, Therme und Erlebnisbad. 40 Mio. Liter Wasser sprudeln täglich aus sechs Quellen direkt in die Badebecken. Der Warmbaderhof strahlt die Noblesse eines großen alten Kurhotels aus.

Gasthof Kucher, Judendorfer Str. 24, Warmbad Villach, Tel. (0 42 42) 5 65 25. Beim Kucher-Wirt gibt's Bodenständiges und ab und zu Bauernmärkte. Mo geschl. ○○

6
Karte
Seite
51

Nordöstlich von Villach liegt der **Ossiacher See** (58), mit 11 Kilometern Länge der drittgrößte See Kärntens. In **Ossiach** (1000 Einw., 52 km) findet alljährlich im Juli/August der Carinthische Sommer statt, ein Festival mit Opern- und Operettenaufführungen, Liederabenden und Konzerten.

Ins Gailtal

***Bad Bleiberg** (59) (3200 Einw., 58 km) oberhalb des Gailtales ist eine klassische Sommerfrische, wenn es im Tal heiß und drückend wird. **Terra Mystica, eine Museums-Erlebniswelt, verspricht eine abenteuerliche »Fahrt zum Mittelpunkt der Erde« mit Multivisionsschauen zu den Themen Bergbau, Geologie und Alchimie.

Im ruhigen **Gailtal** am Rande der Karnischen Alpen sind noch keine Bettenburgen entstanden. Südlich von Hermagor liegt die Sonnenalpe Nassfeld, eine herrliche Almregion mit Blick in die Julischen Alpen, die Hohen Tauern und die Dolomiten. Durch das Gitschtal und über eine Pass-Straße hinauf zum Kreuzbergsattel erreicht man den idyllischen ****Weißensee** (60), der wegen seiner Wasserqualität und behutsamen Erschließung mit dem Europäischen Preis für Tourismus und Umwelt ausgezeichnet wurde.

Ein Erlebnis sind die Trekkingtouren mit Haflingern, die man von Nagl am See aus unternehmen kann.

Von Spittal an den *Millstätter See

In **Spittal** (61) (1550 Einw., 191 km) zählt *Schloss Porcia zu den schönsten Bauwerken im Stil der italienischen Renaissance. Im ersten Stock ist ein Heimatmuseum untergebracht.

Der **Millstätter See** vereint auf engstem Raum alle Vorzüge Kärntens: Das Gebiet hat kulturelle Schätze ebenso zu bieten wie stille landschaftliche Schönheiten, auch wenn man ihm das nicht auf den ersten Blick ansieht: Bereits an seinem Westzipfel tummeln sich Sonnenhungrige, Wassersportler und Wanderer in beängstigender Zahl. Doch der See bietet auch Refugien, vor allem am Südufer. In ***Millstatt** (62) (3300 Einw., 201 km) bezaubern die mehr als 100 Jahre alten Villen mit ihren Erkern und Türmchen. Im 1070 gegründeten ehemaligen Benediktinerstift, zu dem die

Konzert am Weißensee

Eine der hübschen alten Villen in Millstatt am Millstätter See

Stiftskirche, der Kreuzgang und das Stiftsmuseum gehören, kann man leicht eine Stunde verweilen.

Der Millstätter See, Kongresshaus, Tel. (0 47 66) 37 00, Fax 37 00-8, www.millstatt-see.co.at.

1000 Statuen

Die modernen Skulpturen an der Seepromenade gehen auf die Kunstinitiative »1000 Statuae« zurück: Nach einer Legende ließ bei der Gründung von Millstatt der Heilige Domitian um 700 n. Chr. 1000 heidnische Götzenstatuen in den See kippen, um den Aberglauben auszurotten. Das scheint nicht ganz geglückt zu sein, denn nun meißeln internationale Künstler an neuen Statuen – 1000 sollen es werden.

Alpenrose, Obermillstatt, Tel. (0 47 66) 25 00, Fax 34 25, www.biohotel-alpenrose.at. Biohotel mit Vollwertküche, Naturmedizin, Aroma- und Musiktherapie, chinesischen Heilverfahren. ❍❍

Possegger, Gschriet 13, Ferndorf, 12 km südlich von Döbriach, Tel. (0 42 46) 73 19. Einheimische unter sich, bei einem sagenhaften Blick über den See; Produkte aus eigener Landwirtschaft. ❍

Abstecher ins Maltatal

In ***Gmünd** ⑱ (2650 Einw.) haben sich die mittelalterliche Stadtmauer und Teile des Alten Schlosses erhalten. Im Porsche-Automuseum Helmut Pfeifhofer sind Autos, Raritäten und Filme zu bewundern. Der Ort bietet sich für Ausflüge in den Nationalpark Nockberge (s. S. 15) und ins *Maltatal an.

Die 28 km lange ***Malta-Hochalmstraße** windet sich in weiten Serpentinen zur Kölnbreinsperre (2000 m)

6 Karte Seite 51

hinauf und eröffnet immer neue Blicke auf Wasserfälle und Felsenformationen.

Bad Kleinkirchheim 64

Der Ort östlich des Millstätter Sees ist wegen des Erlebnis-Thermalbads Römerbad und des Katharinenbades bekannt. Weitaus ruhiger ist der kleine Nachbarort St. Oswald, dessen Pfarrkirche Fresken aus dem 16. Jh. besitzt.

Schnapsbrennerei Wolfram Ortner, Unterschtern 43, Bad Kleinkirchheim. Hervorragende Schnäpse, allerdings nicht ganz billig.

Gurk 65

In der kleinen Gemeinde (1400 Einw., 272 km) steht eine der bedeutendsten romanischen Kirchen im Alpenraum. Der ***Gurker Dom,** eine dreischiffige Basilika, stammt aus dem 12. Jh. Spektakulär sind u. a. der barocke Hochaltar mit 70 Statuen, Georg Raphael Donners letztes Werk, eine Pietà aus Blei, und der spätromanische Freskenzyklus in der Westempore der Bischofskapelle.

Den **Zwergenpark Gurk** bevölkern mehr als tausend Gartenzwerge – eine treffliche Gegenwelt zum mittelalterlichen Dom.

*Friesach 66

In Friesach (5750 Einw., 294 km) existierte schon 1130 die Stadtbefestigung samt Wassergraben, der noch heute schiffbar ist. Beim politisch hoch bedeutenden Friesacher Turnier 1224 fanden sich 600 Ritter und die weltlichen und kirchlichen Würdenträger des Donau-Adria-Raumes ein! Bis 1803 gehörte Friesach den Salzburger Erzbischöfen. Das pompöse **Haus der Bischöfe** hat den größten Arkadenhof (16. Jh.) der Stadt. Wenige Schritte westlich davon liegt der hübsche **Hauptplatz.** Von hier kann man in rund 15 Minuten den **Petersberg** erklimmen. Der Bergfried des ehemaligen bischöflichen **Schlosses,** heute weitgehend eine Ruine, beherbergt das Stadtmuseum mit einer Sammlung spätgotischer Schnitzkunst. Die kleine **Peterskirche** wurde bereits 927 erbaut.

Tourismusinformation, Fürstenhofplatz 1, Tel. (0 42 68) 43 00, Fax 42 80, www.friesach.at.

Metnitztalerhof, Hauptplatz 11, Tel. (0 42 68) 25 10-0, Fax 25 10-54, www.metnitztalerhof.at. 400 Jahre altes, bestens ausgestattetes Haus, Restaurant mit innovativer Küche. ❍❍❍

Braukeller Hirt, Hirt, Tel. (0 42 68) 2524. Süffiges Bier, Hausmannskost, ein Renaissance-Laubengang. ❍

▮ Ritteressen in der **Burgschenke Petersberg** des ehemaligen Schlosses können kleinere Gruppen bei Karl Baumschlager, Tel. (0 42 68) 43 00, bestellen.

Nach *Maria Saal

****Hochosterwitz** 67 ist eine wahre Bilderbuchburg, deren Gebäudeteile geradezu aus dem steilen Kalkfelsen herauswachsen. Die Festungsanlage, deren Kern mindestens seit dem 9. Jh. existiert, wurde niemals eingenommen.

6 Karte Seite 51

Ritueller Ort im Mittelalter: der Herzogstuhl

Von St. Michael sind es 7 km zur Ausgrabungsstätte auf dem **Magdalensberg,** einer Keimzelle Kärntens. Die keltisch-römische Siedlung aus dem 1. Jh. v. Chr. war ein Handelszentrum im Ostalpenraum. In antiken Bauten sind u. a. drei kleine Ausstellungen zu sehen: ein Marmor-, ein Holz- und ein Keramikmuseum (Mai–Okt. tgl. 9–19 Uhr).

Ca. 3 km südlich von St. Michael ragt im Zollfeld neben der Bundesstraße eine Baumgruppe empor, in deren Schatten der **Herzogstuhl** steht. Auf dem wuchtigen Sitz aus römischen Steinplatten nahmen vor über 1000 Jahren die Kärntner Herzöge nach ihrer Inthronisierung Platz, um den Ständen den Eid zu leisten, Recht zu sprechen und Lehen zu vergeben.

In ***Maria Saal** 68 (3700 Einw., 248 km) kann man eine spätgotische Wallfahrtskirche besichtigen, die in der Renaissance und im Barock umgebaut wurde – erstaunlicherweise nicht zu ihrem Schaden. Das Kärntner Freilichtmuseum außerhalb des Ortes lädt zu einem Rundgang ein, der u. a. bäuerliche Wohnhäuser, Handwerksbetriebe und einen Kramerladen vorstellt.

6
Karte Seite 51

Tour 7

Über Linz nach Wien

***Schärding → Linz → Ardagger → ***Melk → Pögstall → Zwettl → *Dürnstein → Krems → **Kamptal → **Klosterneuburg → Wien (278 km)**

Eine Fahrt der Kontraste erwartet Sie: vom sanften oberösterreichischen Alpenvorland über das schmucke Linz, die Wachau mit ihren Terrassen, auf denen der Grüne Veltliner gedeiht, bis vor die Tore Wiens. Genießen Sie eine Melange aus lieblicher Landschaft, Kultur und kulinarischen Genüssen und lassen Sie sich ruhig ein paar Tage Zeit.

*Schärding 69

Die sanft gewellte Landschaft Oberösterreichs läuft in dem Barockstädtchen Schärding (6000 Einw.) am Inn aus. Das schönste Fassadenensemble bildet hier die **Silberzeile** am Oberen Stadtplatz. Mit einem Spaziergang am Innufer oder hinauf zur Burg kann man den Tag und den Urlaub beginnen lassen.

i **Tourismusverband Schärding,** Rathaus, Tel. (0 77 12) 43 00, Fax 43 20, www.barockstadt-schaerding.com.

Kurhotel Gugerbauer, Kurhausstr. 4, Tel. (0 77 12) 31 91, Fax 31 91-50, www.hotel-gugerbauer.at. Ruhiges Hotel direkt am Inn. OO

Schlemmer- und Jausenfahrten auf dem Inn organisiert die **Inn-Schifffahrt Schärding,** Adalbert-Stifter-Str. 581, Tel. (0 77 12) 73 50.

Linz (70) bis Ardagger

Trotz unattraktiver Industrievororte hat Linz, die Hauptstadt Oberösterreichs (182 000 Einw., 74 km), eine hübsche Innenstadt mit Renaissancebauten und barockisierten Fassaden. Der Hauptplatz bildet den Mittelpunkt der Stadt, mit einer **Dreifaltigkeitssäule** aus Marmor, die 1723 zum Dank dafür errichtet wurde, dass die Linzer von der Pest verschont blieben. An der Ostseite des Platzes steht das prächtige **Rathaus** aus dem 16. Jh. Über die Domgasse gelangt man zum **Alten Dom** (1678) mit prunkvoller barocker Ausstattung.

Jede volle Stunde startet der knallgelbe ***Linz City Express** am Hauptplatz zu einer vergnüglichen und interessanten Stadtrundfahrt.

Tourist Information, Hauptplatz 1, Tel. (0 7 32) 70 70 17 77, Fax 77 28 73, www.tiscover.com/linz.

Der Neue Vogelkäfig, Holzstr. 8, Tel. (07 32) 77 01 93. Regionales und Mediterranes werden hier aufs Köstlichste kombiniert. ○○○
▮ **Ursulinenhof,** Landstr. 31, Tel. (07 32) 77 46 86. Überaus kreative Küche in einem Gebäude aus dem 18. Jh. ○○

Theater Phönix, Wiener Str. 25, Tel. (07 32) 66 65 00. Engagierte Stücke. Die Pubszene konzentriert sich zwischen Hofgasse und Promenade, z. B. **s'Linzerl,** Hofburg 5. Gemütliche Bar, gute Cocktails.

Heiteres Barock: Stift Melk

Weiter geht es zum ehemaligen **Stift Ardagger** (71) (130 km), 1813 zu einem Schloss umgestaltet. Die Pfarrkirche St. Margareta, einst Stiftskirche, ist eine spätromanische Pfeilerbasilika.

Schloss Artstetten (72)

Die Anlage aus dem 16. Jh. ist die letzte Ruhestätte des ermordeten Thronfolgers Erzherzog Franz Ferdinand. Das Renaissanceschloss fungierte in der Fernsehserie »Donauprinzessin« als Luxushotel. In der Realität empfängt Artstetten Gäste, die an der Ausstellung »Von Mayerling bis Sarajevo« interessiert sind. Darin werden der Doppelselbstmord von Kronprinz Rudolf und seiner Geliebten 1889 und das Attentat auf Franz Ferdinand in Sarajevo 1914, das Auftakt zum Ersten Weltkrieg war, beleuchtet. Von Ardstetten bietet sich ein Abstecher über Pöggstall ins Waldviertel an (S. 83 ff.).

Schlossgasthof Landstetter, Artstetten 12, Tel. (0 74 13) 83 03, Fax 84 86. Gute Küche mit Zutaten vom eigenen Bauernhof. ○○

***Melk (73)

Das Benediktinerstift Melk (173 km) ist der Höhepunkt der Tour. Der Komplex thront weithin sichtbar auf einem

7 Karte Seite 82

Höhenzug über der Donau. 1702 bis 1738 wurde er von Jakob Prandtauer und Joseph Munggenast in seine heutige barocke Form gebracht, die nichts Einschüchterndes hat, sondern die Lebensfreude dieser Epoche widerspiegelt.

Vom Prälatenhof geht es über die reich verzierte Kaiserstiege hinauf in einen fast 200 m langen Gang, in dem die Porträts der Herrscher Österreichs hängen: gestreng oder süffisant blickende Gesichter, und immer wieder die typische vorspringende Habsburger-Lippe und die Adlernase! Im Kaiserzimmer ist ein Museum zur Geschichte des Stifts untergebracht; die Bibliothek mit ca. 80 000 Bänden, seltenen Handschriften und Inkunabeln ziert ein Deckengemälde von Paul Troger. In der **Stiftskirche,** einer der schönsten Barockbauten nördlich der Alpen, endet der Rundgang. Sie lebt von Rot, Gold und dem Licht, das die vielen Fenster hereinlassen.

Pension Wachau, Am Wachberg 157, Tel. (0 27 52) 5 25 31, Fax 5 25 31-13. Familiäre Pension. Geführte Radtouren. ❍

Stadt Melk, Hauptplatz 1, Tel. (0 27 52) 5 24 75. Gourmetküche mit niederösterreichischen Spezialitäten und exzellenter Weinauswahl. Angeschlossenes Hotel mit geschmackvollen Zimmern. ❍❍

7 Karte Seite 83

St. Pölten ⑭

Das lebhafte Städtchen St. Pölten (60 000 Einw., 26 km ab Melk) ist die niederösterreichische Landeshauptstadt und in seinem Kern vom Barock geprägt. Das hat es auch dem Barockarchitekten Jakob Prandtauer zu verdanken, der hier geboren wurde und der u. a. für das prunkvolle Innere des Domes verantwortlich ist. Einen Überblick über die Stadtgeschichte gewährt das Historische Museum.

Galerie, Fuhrmannsgasse 1, 3100 St. Pölten, Tel. (0 27 42) 35 13 05. Gepflegte österreichische Küche mit Pfiff. Sa/So geschl. ❍❍❍

Spitz und Weißenkirchen

Von Melk bis Krems fährt man am Nordufer der Donau durch die schöne ***Wachau.** Wo die Teufelsmauer, eine steile Felswand, in den Fluss ragt, liegt malerisch unterhalb der Ruine Hinterhaus **Spitz** ⑮ (2000 Einw., 189 km). Im Ort informiert das Schifffahrtsmuseum über die Schifffahrt auf der Donau.

Neben dem Wein sind es die Marillen (Aprikosen), die in Spitz ganz besonders gut gedeihen. Am letzten Wochenende im Juli ist **Marillenkirtag** mit Spielmannszügen, Heurigen und einem königlichen Paar: König Marillus und Ihro Gnaden Königin Aprikosa.

Weißenkirchen (1600 Einw., 195 km) lässt Besucher im Renaissancegebäude des Teisenhoferhofs Malern, die sich – wie viele Künstler vor ihnen – vom Licht der Wachau inspirieren lassen, über die Schulter schauen oder selbst zum Pinsel greifen. Außerdem ist hier das Wachaumuseum mit Trachten, Hausrat und Exponaten zum Weinbau untergebracht.

11 **Dürnstein ⑯

Dürnstein (100 Einw., 201 km) liegt herrlich zwischen Weinbergen und ist mit seinen Kopfsteinpflastergassen ein Juwel der Wachau. Um sich einen Überblick zu verschaffen, steigt man am besten zur Ruine der im 12. Jh. erbauten **Burg** hinauf. Richard Löwenherz wurde hier von Leopold VI. von Österreich gefangen gehalten, weil er ihn auf einem Kreuzzug beleidigt hatte – und weil die Auslieferung an den Erzfeind des englischen Königs, Kaiser Heinrich VI., ein Lösegeld versprach. Der Blick vom Burgberg geht weit über die Donau hinein in die Wachau, der Barockturm der **Pfarrkirche** von Dürnstein bildet einen schönen Vordergrund. Die Kirche ist Teil des ehemaligen Augustiner-Chorherrenstifts. Die Kremser Künstlerfamilie Schmidt hat den Innenraum gestaltet.

Hotel-Restaurant Richard Löwenherz, Dürnstein, Tel. (0 27 11) 2 22, Fax 2 22-18, www.richardloewenherz.at. Hotel im ehemaligen Klarissinnenkloster, Weingut, romantischer Garten. ❍❍❍

▮ **Landgasthof Bacher,** Südtiroler Platz 2, Mautern, Tel. (0 27 32) 8 29 37. 5 km von Dürnstein auf dem Weg nach St. Pölten. Familiär geführtes Haus mit schönem Garten, Restaurant mit exzellenter Küche, große Weinauswahl, Mo/Di geschl. ❍❍

Schwarze Tage der Habsburgermonarchie

68 Jahre Regentschaft, ein langes Leben, das erst nach 86 Jahren im Schloss Schönbrunn ein leichtes Ende fand – das liest sich so einfach. Was Franz Joseph I., Kaiser von Österreich, König von Ungarn, aber als Monarch und Familienoberhaupt alles an Katastrophen erlebte, wird erst auf den zweiten Blick deutlich.

Nicht nur die Revolution 1848, der Bruderkrieg mit Deutschland 1866 und der Ausbruch des Ersten Weltkriegs, von dem der greise Franz Joseph ahnte, dass er das Ende der Habsburger Herrschaft bringen würde, sondern auch Tragödien im familiären Bereich waren Teil seines Lebens. Wie muss ihm zumute gewesen sein, als er 1889 die Nachricht vom Selbstmord seines Sohnes und Thronfolgers Rudolf empfing? Als seine ihm längst entfremdete Ehefrau Elisabeth, die berühmte Sisi, 1898 von einem italienischen Anarchisten erstochen wurde? Oder als sein Neffe Franz Ferdinand, ausersehen zur Thronfolge, 1914 in Sarajevo erschossen wurde?

Besonders tragisch gestaltete sich der Suizid in Mayerling und seine Folgen. Die Geschichtswissenschaft geht davon aus, dass der liberale Rudolf sich mit Unmutsbekundungen über die Politik seines erzkonservativen Vaters so weit ins politische Abseits manövriert hatte, dass er den einzigen Ausweg im Selbstmord sah. Die kaiserliche Familie versuchte das Geschehen zu vertuschen und war dabei so erfolgreich, dass bis heute viele Kaisertreue an das Spiel dunkler Mächte glauben, die Rudolf und seine Geliebte Mary Vetsera beiseite räumten. 1994 ließ ein selbst ernannter Historiker gar die Leiche der jungen Baronin des Nachts aus ihrer Gruft im Friedhof von Mayerling entführen, um einen Mord zu beweisen.

7 Karte Seite 83

Heuriger Brustbauer-Müller, Oberloiben. Feine Weine, sehr schöner Garten. ❍

Freie Weingärtner Wachau im Kellerschlössl, Tel. (0 27 11) 3 71. Verkostungen und Verkauf von einem unabhängigen Zusammenschlusses engagierter Weinbauern.

Krems ⑰

Betritt man Krems (24 000 Einw., 206 km) durch das **Steiner Tor,** ist man mitten auf der Hauptachse der Stadt, der Oberen und Unteren Landstraße, die schöne gotische Bürgerhäuser wie das **Göglhaus** säumen. Säulenhalle und Erker des **Rathauses** stammen aus der Renaissance. Das um 1560 erbaute **Große Sgraffitohaus** am Hohen Markt dürfte das meistfotografierte Bauwerk von Krems sein. Die Sgraffiti entstehen, indem auf grauem Unterputz weißer Oberputz aufgetragen wird; wo der Künstler diese Schicht wegkratzt, schaut die Unterlage durch. Die **Kunsthalle Krems** zeigt hochkarätige Ausstellungen.

Auch Richard Löwenherz war hier zu Gast: Dürnstein

Wachau-Nibelungengau, Undstr. 6, Tel. (0 27 32) 8 74 71, www.wachau.at.

Hotel Restaurant Alte Post, Obere Landstr. 32, Tel. (0 27 32) 8 22 76, Fax 8 43 96, www.altepost-krems.at. Romantische Atmosphäre, herrlicher Arkadenhof, Garten. ❍❍
▮ **Weinhof Aufreiter,** Angern 7, Tel. (0 27 39) 22 05, www.weinhof.at.

7
Karte Seite 83

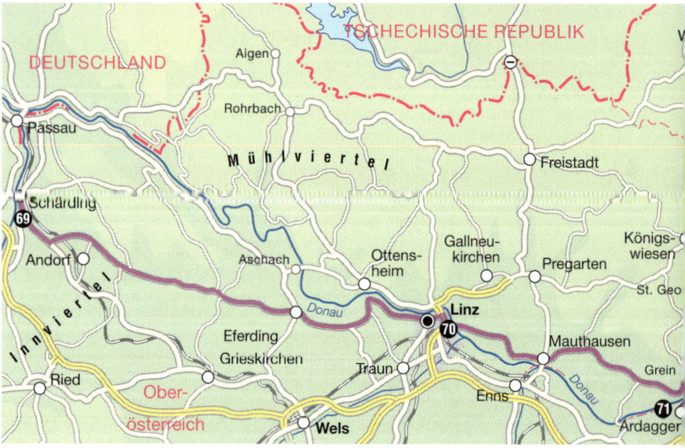

7 km südl. von Krems , Garten, Pool, Heuriger, eigenes Weingut. ❍

Anton Zöhrer, Sandgrube 1, Tel. (0 27 32) 83 19 10, www.weingut-zoehrer.at. Grüner Veltliner und Heurigen-Brotzeiten. ❍

Im Keller des ****Klosters Und** lagern 200 der besten österreichischen Weine. Man kann sie hier verkosten und kaufen.

Abstecher ins **Kamptal und ins Waldviertel (96 km)

Langenlois ⑱

Nach Litern und Ertrag pro Hektar ist es die größte Weinbaustadt Österreichs. Im Ursin-Haus am Kornplatz 5 kann man die Erzeugnisse von 63 Weinbauern probieren, außerdem ist hier das Stadtmuseum untergebracht.

Zillner, Schönbergneustift 18, Schönberg, Tel. (0 27 33) 83 18, www.tiscover.at/familie.zillner. Urlaub beim Winzer, Ferienwohnungen, prima Weine. ❍

Langenloiser Hof, Kornplatz 2, Tel. (0 27 34) 24 75. Feines Restaurant, im Sommer im Arkadenhof und im Garten, Mo, Di geschl. ❍❍

Gars ⑲

Die nächste Station auf der Fahrt durch das enge, schöne Kamptal ist der sympathische Ort Gars (46 km). Hier vermischen sich Historie und Moderne: Das Strandbad aus dem 19. Jh. existiert noch, davor aber sausen Kinder über eine Riesenrutsche ins moderne Sportbad. In der Babenberger Burg, heute nur noch eine Ruine, wurde 1095 Markgraf Leopold II. bestattet. Auch Gesundheitsfanatikern ist Gars bekannt: Hier bringt Prof. Dungl die »energetischen Ströme« ins rechte Lot.

Die **Rosenburg** nördlich von Gars stammt aus dem 12. Jh.; sie besitzt noch einen vollständig erhaltenen Turnierhof.

Jeden ersten Sonntag im Monat und an Feiertagen zeigen schneidige Reiter auf der Rosenburg wie anno dazumal die Kunst der **Falknerei.**

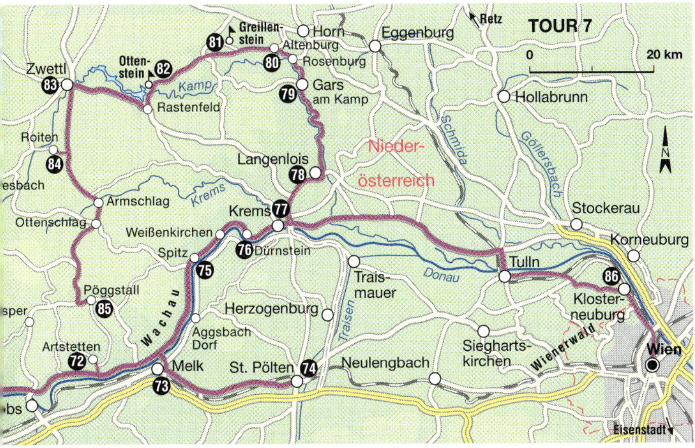

7 Karte Seite 83

Das Steiner Tor in Krems

Stift Altenburg 80 und Schloss Greillenstein 81

Stift Altenburg (66 km) gründeten die Benediktiner um 1144. Nachdem die Schweden 1645 die Anlage zerstört hatten, bauten die Mönche sie in einem Zeitraum von knapp 100 Jahren eigenhändig wieder auf. Außerordentlich originell sind die Malereien in der Krypta.

Im Sommer geben die **Altenburger Sängerknaben** im Stift stimmungsvolle Konzerte.

Schloss Greillenstein ist noch mit Originalmöbeln aus dem 16. Jh. ausgestattet.

Burg Ottenstein 82

Direkt am Ottenstein-Stausee liegt diese Burg. Bei Restaurierungsarbeiten in der romanischen Burgkapelle wurden wertvolle Fresken aus dem 12. Jh. entdeckt. Eine nicht alltägliche Schönheitsgalerie hängt in der Burg: Porträts von 241 Päpsten.

Auch kulinarisch weiß Ottenstein zu gefallen: mit Grill- und Heurigenabenden und wüsten Rittergelagen im Burggarten (Tel. 0 28 26/2 54, www.hotelottenstein.at, ○○).

Zwettl 83

In der Hauptgemeinde des Waldviertels haben sich Teile der Stadtmauer aus dem 13. Jh. und einige Wehrtürme erhalten. Nach einem kurzen Spaziergang am lang gestreckten Hauptplatz mit den schönen Bürgerhäusern aus dem 16. und 17. Jh. folgt der Höhepunkt: das ****Zisterzienserstift** Zwettl von 1138. Mehrere Anbauten wurden in der Gotik, in der Renaissance und im Barock vorgenommen. Der *Kreuzgang stammt aus der romanisch-gotischen Übergangszeit. Auch die Schatzkammer, das Stiftsmuseum und die Bibliothek sollten Sie nicht auslassen, denn die Äbte des Klosters waren höchst erfolgreiche Sammler von sakralen Kunstschätzen, Handschriften und Büchern.

Wer wissen möchte, welche Heilkräuter gegen gesundheitliche Beschwerden bei bestimmten Wetterlagen, z. B. Föhn, helfen, sollte das interessante ***Medizin-Meteorologische Museum** im benachbarten **Dürnhof** besuchen.

Roiten 84

Das Dorfmuseum wurde von Friedensreich Hundertwasser gestaltet und zeigt im Dachgeschoss Werkzeuge ausgestorbener Handwerksberufe. Im

7 Karte Seite 83

Erdgeschoss stellt eine Galerie die Werke von Künstlern der Region aus.

Pöggstall 85
Martialisch ist die Hauptattraktion des Ortes: Im Schloss Rogendorf kann man die einzige original erhaltene Folterkammer (15. Jh.) des deutschsprachigen Raums besichtigen.

**Klosterneuburg 86

Eine hübsche kleine Stadt ist Klosterneuburg (25 000 Einw., 265 km), doch wer nimmt davon schon Notiz angesichts des ****Augustiner-Chorherrenstiftes?** Einer Legende zufolge stand Agnes, die Frau des Babenbergerherzogs Leopold III., am Tage ihrer Hochzeit auf dem Wiener Leopoldsberg, als ihr ein starker Wind den Brautschleier entriss. Er wurde nach vielen Jahren unversehrt in den Donauauen wieder gefunden. Das nahm Leopold als Zeichen, hier im Jahre 1114 ein Kloster zu stiften. Karl IV. wollte es später in einen gewaltigen Repräsentationsbau umgestalten lassen. 1740 aber verstarb der Auftraggeber, und erst ab 1842 wurde das Gebäude von Josef Kornhäusel fertig gestellt, allerdings viel kleiner als geplant.

Zum romanisch-gotischen Teil des Klosters gehören die später barockisierte Stiftskirche und die Leopoldskapelle. Sehr wertvoll ist der Verduner Altar, ein Meisterwerk der Emaillierkunst, das der Kunstschmied Nikolaus von Verdun im 12. Jh. gestaltete. Im Barocktrakt verdienen Wohnräume, Schatzkammer, Bibliothek und Stiftsmuseum Aufmerksamkeit.

Die Chorherren keltern ihren eigenen Wein. Die **Kellerei** kann man nach Rücksprache besichtigen, Auskunft unter Tel. (0 22 43) 63 75 25.

Tour 8

Steppensee und Schneeberg

Wien → **Seewinkel → *Rust → *Eisenstadt → *Puchberg → **Baden → Wien (350 km)

Die Ebene des Donaubeckens, Hügelland, markantes Gebirge und Europas größten Steppensee – so viel Abwechslung vereint die Region 50 km südlich von Wien. Für diese Fahrt durch Teile des Burgenlands und Niederösterreichs sollte man mindestens vier Tage einplanen.

12 Im **Seewinkel

Neusiedl 87
Im verkehrsreichen Ort Neusiedl (4000 Einw., 50 km) sollte man unbedingt das Pannonische Heimatmuseum besuchen. Der Burgenländer Karl Eidler, ein Original mit sprühendem Charme, hat hier altes Handwerkszeug, Haushaltsgerät, Bücher und Kleider zusammengetragen. Die Sammlung ergibt ein treffliches Bild der pannonisch geprägten Alltagskultur um den Steppensee in den letzten Jahrhunderten.

Neusiedler See und Seewinkel
Dieser leicht salzhaltige See ist etwa 35 km lang, zwischen 5 und 15 km breit und durchschnittlich nur 1,5 m tief. Das Ufer ist von einem breiten und dichten Schilfgürtel umgeben und deshalb für Badegäste schwer zugänglich; lediglich in **Podersdorf** 88 gibt es einen längeren schilffreien Abschnitt mit Liegewiesen.

8
Karte Seite 89

Teile der einzigartigen Pusztalandschaft östlich des Sees mit den vielen Salzlacken (abflusslosen kleinen Seen, die im Sommer austrocknen können) wurden zum Nationalpark erklärt. Mehr als 250 Vogelarten und seltene Pflanzen sind hier geschützt

Halbturn 89

Hinter Weiden am See beginnt der ruhige Teil des Seewinkels. Das ehemalige kaiserliche ****Schloss** (1710) in Halbturn inmitten eines Gartens zählt zu den schönsten Barockbauten Österreichs. Im Innern sind außer dem Deckenfresko von Anton Maulpertsch im Großen Saal hochkarätige Wechselausstellungen zu bewundern.

Im Garten vor der Schlosstaverne erfrischt ein Grüner Veltliner. Gute Weine in großer Auswahl können Sie in der Schlosskellerei nicht nur verkosten, sondern auch zu reellen Preisen erwerben.

Frauenkirchen 90

Hier dominiert die barocke ****Wallfahrtskirche** den Hauptplatz. Die Vorgängerkirchen des 1702 vollendeten Gotteshauses wurden mehrmals zerstört, das Gnadenbild einer stillenden Madonna aber überstand wie durch ein Wunder alle Angriffe der Türken.

Vinothek & Galerie Kaisergarten, Kirchenplatz 27, Tel. (0 21 72) 33 18, Fax 33 92.

8
Karte Seite 89

Illmitz 91

Von Illmitz und **Apetlon** aus lassen sich sich die Salzlacken leicht erkunden, am besten mit dem Fahrrad oder im Rahmen einer Führung. Einen ersten Einblick erhält man im Nationalparkhaus am südlichen Ortseingang.

Information Seewinkel, Obere Hauptstraße 2–4, Illmitz, Tel. (0 21 75) 34 42, Fax 23 02 22, www.nationalpark-neusiedlersee.org.

Rosenhof, Florianigasse 1, Illmitz, Tel. (0 21 75) 22 32. Heurigenrestaurant, eigenes Weingut, herrlicher Garten und auch einige Hotelzimmer. ❍❍

Am Westufer des Sees

Donnerskirchen 92

Der Ort (1600 Einw., 133 km) schmiegt sich an den Hang des Leithagebirges, das sich für schöne Wanderungen eignet. In der barocken Kirche gibt der Geiger Toni Stricker im Juli und August Konzerte. Auch zur Zeit der Kirschblüte empfiehlt sich ein Besuch von Donnerskirchen, dann duftet der Ort wie parfümiert.

Der Türke im Kamin

Um **Purbach** (2350 Einw.) nördlich von Donnerskirchen rankt sich die Anekdote einer eigentümlichen Christianisierung: Anno 1532 soll ein Türke sich hier in einem Haus versteckt haben, nachdem er den Abzug seines Heeres weinselig im Keller verschlafen hatte. Als man ihn entdeckte, wollte er durch den Kamin fliehen, blieb stecken und wurde von den Hausbewohnern befreit. Froh darüber, am Leben gelassen worden zu sein, nahm er den christlichen Glauben an. Am Haus Nr. 6 an der Hauptstraße sitzt er noch heute in Gestalt einer kleinen Statue auf dem Kamin.

Abendstimmung bei Rust

***Rust** 93
Einfach schön ist das Ensemble von Bürgerhäusern aus Barock und Renaissance – Zeichen einer Freistadt, die schon immer wohlhabend war. Fast so berühmt wie die Fischerkirche (15. Jh.) mit ihren Wandmalereien sind die Heurigenlokale des Ortes. Über allem wachen zahlreiche Störche.

Tourismusbüro Rust, Conradplatz 1, Tel. (0 26 85) 65 74, Fax 5 02 10, www.bzv.at/neusiedlersee/rust.htm.

Seehotel Rust, Tel. (0 26 85) 38 10-0, Fax 3 81-4 19, www.austria-trend.at. Schöne Lage im Schilfgürtel. ❍❍

Nikolaus Gabriel, Rathausplatz 14, Tel. (0 26 85) 2 88. Uriger Heuriger, Mi/Do geschl. ❍

Österreichische Weinakademie, Hauptstr. 31, Tel. (0 26 85) 68 53. Weinseminare, Bibliothek, Vinothek.

Mörbisch 94
Von Mitte Juli bis Ende August steht der Ort (2300 Einw., 151 km) ganz im Zeichen der Operetten-Seefestspiele (s. S. 7). Die Mörbischer Mischung ist einzigartig, der Herr Intendant Seraphin (eine Inkarnation der Operette!), das Feuerwerk, die laue Luft, und immer dabei: Festspielgäste aus nah und fern (Informationen und Karten unter Tel. 0 26 82/6 62 10).

Schilfschnitt am Neusiedler See

Im **Römersteinbruch** kurz vor der Gemeinde St. Margarethen haben schon die Römer ihr Baumaterial aus dem Leithakalk geschlagen. Auch Teile des Wiener Stephansdoms bestehen aus diesem Material. Heute ist die Kraterlandschaft, in der nach wie vor abgebaut wird, zugleich eine riesige Künstlerwerkstatt: In den Sommermonaten arbeiten hier Bildhauer aus aller Welt. Zwischen den Skulpturen im Steinbruch finden Open-Air-Opern und alle fünf Jahre Passionsspiele statt, die nächsten 2006.

*Eisenstadt 95

Die Hauptstadt des Burgenlandes (11 000 Einw., 170 km) wartet mit einer sehr anmutig wirkenden Innenstadt auf. Ihren westlichen Abschluss bildet ****Schloss Esterházy.** Die ehemalige mittelalterliche Burg der Familie Ka-

8 Karte Seite 89

nizsai wurde ab 1663 im Auftrag des Fürsten Esterházy vom Italiener Carlo Martino Carlone umgestaltet. Im Innenhof feixen groteske Fratzen von der Wand herunter: Der Überlieferung zufolge sollen die Baumeister von den Hofbeamten zu wenig zu essen bekommen haben. Sie rächten sich, indem sie die Geizhälse wenig schmeichelhaft porträtierten. Fürst Nikolaus Esterházy förderte im 18. Jh. den Komponisten und Musiker Joseph Haydn, dessen bescheidenes Wohnhaus in der nach ihm benannten Gasse zu besichtigen ist. Alljährlich im September finden die Haydnfestspiele statt.

Im Sommer kann man im Empiresaal des Schlosses dem Haydnquartett lauschen (11 Uhr).

Das **Burgenländische Landesmuseum** westlich des Schlosses beschäftigt sich mit Geschichte, Volkskunst, Naturkunde und Weinkultur. Wenige Schritte entfernt ermöglicht das **Jüdische Museum** Einblick in die Kultur der Juden in Eisenstadt. Zusammen mit dem **Jüdischen Friedhof** vermittelt es ein beklemmendes Bild des Antisemitismus in Österreich. Von 1388 bis 1938 gab es in Eisenstadt eine jüdische Gemeinde.

Burgenland Tourismus, Schloss Esterházy, Tel. (0 26 82) 6 33 84-16, Fax 6 33 84-20, www.burgenland.info. ▌ **Eisenstadt Tourismus,** Schloss Esterházy, Tel. (0 26 82) 6 73 90, Fax 6 73 91, www.eisenstadt.at.

Gasthof zum Haydnhaus, Haydngasse 24, Tel. (0 26 82) 6 46 36. Kleiner, alteingesessener Betrieb mit Restaurant. ❍

Gasthof Ohr, Rusterstr. 51, Tel. (0 26 82) 6 24 60, www.hotelohr.at. Burgenländische Küche mit Zutaten aus der Umgebung. ❍❍ ▌ **Esterházy,** Esterházyplatz 5, Tel. (0 26 82) 6 15 05. Gepflegtes Restaurant in den ehemaligen Stallungen von Schloss Esterházy. ❍❍

Die Esterházys

Die Esterházys sind ein Magnatengeschlecht, das auf den ungarischen König Salomon zurückgeht, der im 13. Jh. lebte. Geschickte Heiratspolitik, Vasallentreue zu den Habsburgern und Grunderwerb in Ungarn machten das Esterházy-Vermögen bis zum Ende des 17. Jhs. zu einem der größten in Europa. Nikolaus, der Pracht Liebende ließ im 18. Jh. sein burgenländisches Versailles, Schloss Fertöd auf der ungarischen Seite des Neusiedler Sees, mitten im Sumpfgebiet für gut 10 Mio. Gulden bauen. Die Esterházys taten sich auch als Kunstmäzene hervor. Unter Fürst Nikolaus konnte der Komponist Joseph Haydn 30 Jahre als Hofkapellmeister in Ruhe arbeiten. Doch das Ende der Dynastie ist da: Der letzte Esterházy, Fürst Paul, blieb kinderlos. Seine Witwe Melinda Ottrubay, einst eine gefeierte Primaballerina, lebt hauptsächlich in Zürich. Die rund 45 000 ha umfassenden Besitzungen der Esterházys hat sie in drei Stiftungen aufgeteilt: Lockenhaus, Forchtenstein und Eisenstadt.

8 Karte Seite 89

Unter Sommeliers wird **Erwin Tinhof** als Geheimtipp gehandelt. Voranmeldung erbeten (Gartengasse 8, Tel. 0 26 82/6 26 48).

*Forchtenstein 96

Der Ort (2700 Einw., 190 km) wird von einer **Burg** überragt, die die Esterházys 1635–1652 ausbauten. Der Bergfried ist wie ein Schiffsbug geformt. Die Burgräume enthalten neben Waffen-, Fahnen- und Gemäldesammlungen auch eine Ausstellung mit Beutestücken aus den Türkenkriegen. Der 142 m tiefe Brunnen wurde von türkischen Gefangenen gegraben (Führungen April–Okt. tgl. 9–16 Uhr).

»Leben wie im Mittelalter« heißt ein spezielles Kinderprogramm an Sommerwochenenden.

Das benachbarte **Wiesen** ist nicht nur für seine Erdbeeren bekannt, sondern auch für seine Musikfestivals (s. S. 6). Im Juli steigen das Jazzfestival und das Forestglade Rockfestival, im August das Reggae-Sun-Splash-Festival. Nähere Auskunft und Karten unter Tel. (0 26 26) 8 16 48, Fax 8 16 48-29.

Gasthof Reisner, Forchtenstein 141, Tel. (0 26 26) 6 31 39. Von außen unauffällig. Der exzellente Chefkoch hat bewusst auf seine früheren Hauben verzichtet, weil er Schwellenängste abbauen will. OO

Ins Siernigtal

Eine Straße führt in weiten Serpentinen bergauf bis zur **Rosalienkapelle,** die auf 746 m den höchsten Punkt des Rosaliengebirges markiert. Von hier schlängelt sich eine der schönsten und einsamsten Straßen Niederösterreichs durch die Berge hindurch. Über Seebenstein und Neunkirchen gelangt man in den 20 km² großen **Naturpark**

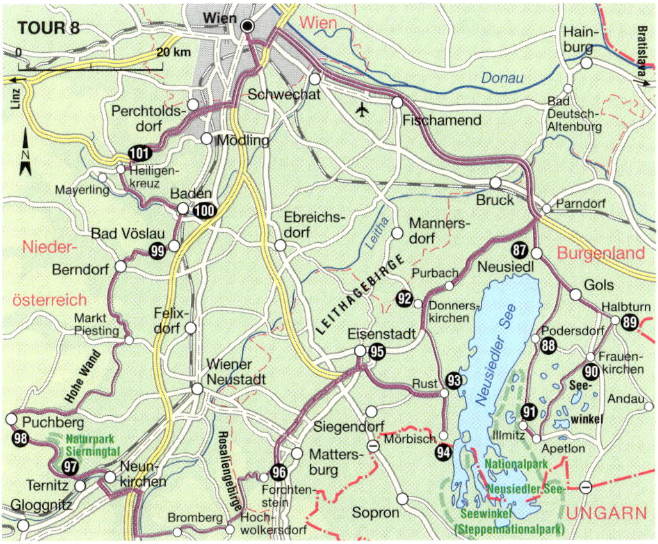

8 Karte Seite 89

Siernigtal ⑰, ein schönes Wandergebiet, geprägt von kargen und schroffen Bergwänden.

Nach Bad Vöslau

Der herrlich altmodische Ferienort ***Puchberg** ⑱ (3300 Einw., 243 km) kauert am Fuß des 2075 m hohen Schneebergs. Eine Fahrt mit der Zahnradbahn zum Gipfel ist besonders im Frühling reizvoll, wenn man aus der blühenden Natur in winterliche Gefilde gleitet. Entlang der Hohen Wand führt eine Gebirgsstraße hinunter ins Tal nach Markt Piesting.

In den ***Badeanlagen von Bad Vöslau** ⑲ (1100 Einw., 296 km) scheint die Zeit stehen geblieben zu sein. Auch die Künstlervillen unterhalb der Kirche erzählen von der großen Zeit des Bades um 1900, als das nahe Wien hier kurte. Im Nachbarort Soos gibt es die besten Heurigen der Region.

Franz Schlager, Hauptstr. 32, Soos, Tel. (0 22 52) 8 89 88. Gutes Heurigenbüfett, innovative Küche und der äußerst liebenswürdige Hund Leopold, der sich um die Kinder kümmert, während die Erwachsenen St. Laurent, Beerenglut und Pinot Noir genießen. Wenn Franz Schlager an jeden Tisch kommt, um seine Gäste persönlich zu begrüßen, ist die rechte Zeit, ihn um die Öffnung seines Verkaufsraumes zu bitten. ❍

8
Karte Seite 89

**Baden 100

»Baden ist ein kleines Wien in Aquarell.« Dieser Satz trifft genau den Charakter des heiteren Städtchens Baden (28 000 Einw., 300 km) am Rand des Wienerwaldes. Nach einem Großbrand 1812 wurde der Ort einheitlich im Biedermeierstil wieder aufgebaut. Die alte Thermalanlage und die alte Schwimmschule erinnern noch immer an Maria Theresias Zeit. Absolut modern präsentieren sich aber die Römerthermen, ebenso wohl wird man sich im Thermalstrandbad fühlen.

In der Frauengasse 10 stößt man auf den **Magdalenenhof,** in dem 1821–1823 Ludwig van Beethoven wohnte. Mit Kompositionsorgien entnervte der fast taube Genius seine Vermieter derart, dass er in Baden siebenmal umziehen musste – für den neuzeitlichen Kulturtourismus ergibt das jede Menge Pilgerstätten.

Das **Rathaus** von 1815 entwarf der Architekt Josef Kornhäusel, der das Bild der Stadt nachhaltig geprägt hat. In der Pfarrgasse 2 ist eine Holztür zu sehen: Das **Lumpentürl** ermöglichte es allzu eifrigen Trinkern, auch nach Schließung der Stadttore von den Vorstadt-Heurigen unbemerkt in ihre Betten zu kommen. Das Spielkasino wurde 1995 als größtes Kasino Europas wiedereröffnet.

Kur-und Bäderdirektion, Brusattiplatz 3, Tel. (0 22 52) 4 45 31 59, www.baden.at.

Derbe Badelieder

Maria Theresia soll oft nach Baden gefahren sein – auch um den derben Badeliedern zu lauschen. Während Männlein und Weiblein zusammen in großen Bottichen im Wasser hockten, intonierte man schwefelselig allerlei wenig Jugendfreies. Die Damen hatten allerdings züchtige Badekleider an, die durch einen Bleisaum am Boden gehalten wurden.

Schloss Weikersdorf, Schlossgasse 9–11, Tel. (0 22 52) 4 83 01, www.hotelschlossweikersdorf.at. Sensibel renoviertes altes Haus, Renaissance-Innenhof. ❍❍❍

▮ **Pension Margit,** Mühlgasse 15, Tel. (0 22 52) 8 97 18, www.pension-margit.at. Ruhige Frückstückspension mit Garten, gute Lage. ❍

Restaurant Caruso, im Seminarhotel, Trostgasse 23, Tel. (0 22 52) 88 66 20. Üppig dekoriert, feine Küchenkunst. ❍❍❍

▮ **Heuriger Streiterhof,** Leesdorfer Hauptstr. 64, Tel. (0 22 52) 8 02 53. Nettes Lokal mit Gewölbekeller. ❍❍

Kinder hält man beim **Eis-Peter** in der Beethovengasse bei Laune – hier gibt es das beste Eis nördlich des Alpenhauptkamms!

**Stift Heiligenkreuz (101)

Bevor man nach Wien (350 km) zurückkehrt, geht es durch das waldreiche *Helenental zum Stift Heiligenkreuz (321 km). Die 1133 gegründete, zweitälteste Zisterzienserabtei Österreichs gruppiert sich um einen Innenhof, dessen Dreifaltigkeitssäule und Josephsbrunnen nach Modellen des Barockbildhauers Giovanni Giuliani geschaffen wurden. Der südlich der romanischen **Stiftskirche** gelegene romanisch-gotische **Kreuzgang** ist nur im Rahmen einer Führung zugänglich. Im **Kapitelsaal** ist in den Boden die Grabplatte von Herzog Friedrich II. eingelassen.

Wer einmal nur meditieren, beten und lesen möchte, kann im Stift das Mönchsleben auf Zeit testen (Auskünfte: Tel. 0 22 58/87 03).

Tour 9

Naturidyll, Wein und Thermalwasser

Graz → *Waldheimat → Güssing → **Riegersburg → *Klöcher Weinstraße → *Schilcher Weinstraße → Stainz → Bärnbach (492 km)

»Die Schönheit einer Landschaft erklärt man nicht, man empfindet sie.« Peter Rosegger hat sich an seinen Satz allerdings selbst nicht gehalten, denn seine Schilderungen der Waldheimat gehören zu den schönsten Landschaftsbeschreibungen, die österreichische Literatur hervorgebracht hat. Die Steiermark und das südliche Burgenland gehören zu den weniger bekannten Ecken der Alpenrepublik. Mittelgebirge wechseln sich mit Hügelland ab, gewaltige Burgen blicken weit ins Land.

Diese Rundfahrt, für die man etwa vier Tage einplanen sollte, verspricht aber nicht nur optische Genüsse, sondern auch hervorragende Weine, gute Küche, moderne Thermalbäder und nicht zuletzt die Herzlichkeit der Steirer.

Ab Weiz, 30 km östlich von Graz, fährt die nostalgische dampfbetriebene **Feistritztalbahn (102) über Anger nach Birkfeld und wieder zurück (Infos: Tel. 0 31 72/ 47 74). Wer in Anger aussteigt, kann das **Stutenmilchgestüt Töchterlehof** besichtigen (Oberfeistritz, Tel. 0 31 75/ 22 14); die unbeholfenen Gehversuche der Fohlen verleiten nicht nur Kinder zum Schmunzeln.

9 Karte Seite 95

Die *Waldheimat

Alpl 103

Das Zentrum der Waldheimat wurde um die Jahrhundertwende durch den Schriftsteller Peter Rosegger bekannt. In diesem waldreichen Teil der Fischbacher Alpen lebten die Bergbauern mehr schlecht als recht von ihren kargen Böden. Die Region ist sehr ursprünglich geblieben und wenig besiedelt. Die sanften Landschaftsformen wirken sehr beruhigend – eine Gegend für lange Wanderungen.

In Alpl steht das Waldschulhaus, eine ehemalige Volksschule, die Peter Rosegger mit einer großen Spendenaktion aus der Taufe hob, um den Kindern der Bauern eine Schulbildung zu ermöglichen. Von hier aus geht es in einer halben Stunde hinauf zu Roseggers Geburtshaus, dem Kluppenegggerhof (Di–So 9–17 Uhr).

Krieglach 104

Im einstigen Landhaus des Schriftstellers wurde ein Museum mit Erinnerungsstücken, Karten und Briefen eingerichtet (Di–So 9–16 Uhr).

Clubdörfl Waldheimathof, Alpl bei Krieglach, Tel. (0 38 55) 82 51, Fax 82 54, www.waldheimathof.at. Schöne Lage, für Naturfreunde und Familien (○○○), gutes Restaurant (○○).

Als ich der Waldbauernbub war

Peter Rosegger wurde 1843 als Sohn eines Waldbauern geboren. Bittere Armut, aber auch eine tiefe Liebe zur Natur bestimmten seine Kindheit. Der künstlerisch überaus begabte, für die Landwirtschaft zu schwache Bub erlernte das Schneiderhandwerk, wurde aber von einem Landschullehrer so weit unterrichtet, dass ein Zeitungsredakteur in Graz auf ihn aufmerksam wurde und ihn förderte. Rosegger entwickelte ein großes schriftstellerisches Talent, wobei es ihm weniger um Ruhm, als um die Verbesserung der Lebensbedingungen der Bauern in der Waldheimat ging. Seine Werke wurden zunehmend kritischer: 1877 veröffentlichte er »Waldheimat«, einen Band mit Kinder- und Jugenderinnerungen, 1888 »Jakob der Letzte«, ein heftig diskutiertes Werk zur Lage der Bauern, 1903 »Weltgift«, das den Verlust der Moral beklagt.

Schon 1876 hatte Rosegger in Graz die Zeitschrift »Heimgarten« gegründet, die – nach heutigen Maßstäben etwas schwülstige – Heimatdichtkunst publizierte. Bei näherem Hinsehen aber findet sich auch in diesem Blatt kluge Zeitkritik. Rosegger sah die Städter schon 1892 »spitzfindige Geistesspiele treiben, verpestete Luft atmen und das Herz verstocken lassen«. Er versuchte, seinen Lesern den Zauber der Natur nahe zu bringen, und wusste bereits, dass Fremdenverkehr ein Miteinander von Gast und Gastgeber sein müsse. Durch Förderung und Ausbildung der Bauernkinder hoffte er, der Abwanderung der Jugendlichen entgegenwirken zu können: »Hier werdet ihr nicht reich, aber nie so arm und verlassen, wie ihr's in der Fremde werden könnt« – das Credo eines zutiefst in seiner Heimat Verwurzelten.

9 Karte Seite 95

Im Wintersportmuseum von Mürzzuschlag

In der Buckligen Welt

Mürzzuschlag 105

Einer der bekanntesten Sommerfrischler hier war Johannes Brahms. Er komponierte hier seine IV. Symphonie und über 30 Vokalwerke. Inspiration suchte er auf ausgedehnten Wanderungen. Der 4,5 km lange Brahmsweg beginnt beim Brahmsmuseum, das Erinnerungsstücke des Musikers zeigt. Falls Sie noch nie etwas von Toni Schruf und Max Kleinoscheg gehört haben: Die beiden haben das Skifahren erfunden, wie das Wintersportmuseum anschaulich erläutert.

Waldheimat-Mürztal, Wienerstr. 4, Mürzzuschlag, Tel. (0 38 52) 47 70, Fax 53 94, www.steiermark.com/urlaub/regionen/waldheimat.htm.

Gasthof Holzer, Neuberg an der Mürz, Tel. (0 38 57) 83 32, Fax 83 32-24, www.hubertholzer.com. Der Familienbetrieb mit Gästezimmern 12 km nordwestlich von Mürzzuschlag serviert Gault-Millau-gekrönte steirische Küche zu zivilen Preisen. Und wenn der agile Senior Martin zur Zither greift, sollte man ihn bitten, die G'schicht vom Gaskassier und dem Papagei zu erzählen! ○○

Spital am Semmering 106

Als Ausflugsidyll der Wiener hat der Ort (2200 Einw., 103 km) Tradition. Einst residierten die Adligen in den Grandhotels oben am Semmering-Pass. Die weniger begüterten Adabeis (österreichisch für Leute, die überall dabei sein müssen) wohnten unten in Spital und stiegen zum Fünf-Uhr-Tee hinauf, um sich im Kreise der besseren Gesellschaft wichtig zu machen.

Onkel Fritz, Spital am Semmering, Tel. (0 38 53) 2 17, Fax 2 17-13, www.landhotel-onkelfritz.at. Eine wunderbar altmodische Sommerfrische. ○○

Eine kleine Wanderung (ca. 1 Std.) führt von der Bergstation der Vierersesselbahn zum **Stuhleck-Gipfel.** Dort beim Gipfelkreuz haben die steirischen Skipioniere erste Versuche auf den Brettern gemacht (s. o., Wintersportmuseum in Mürzzuschlag).

Zur *Burg Lockenhaus

Nicht zu Unrecht heißt die Gegend zwischen Semmering und Südburgenland ***Bucklige Welt.** Hügel- und höhlenreich ist sie. Die **Hermannshöhle** mit bizarren Tropfsteingebilden kann man besichtigen. Unweit der ungarischen Grenze blickt die mächtige ***Burg Lockenhaus** 107 (174 km) aus dem 13. Jh. ins Land. Einst war sie ein

9 Karte Seite 95

Hier kann jeder residieren: Burg Bernstein

Zentrum der Templer: In der unterirdischen Apsidenhalle mit den bunten Fresken, in der sich die Mitglieder des Ordens versammelten, ist heute eine Ausstellung zur Geschichte der Tempelritter zu sehen. Die Burgkapelle besitzt Freskenreste aus dem 13. Jh. Noch heute soll in der Burg der Geist einer Gräfin umgehen – aber erst nach Ende der ausgezeichneten sommerlichen Burgkonzerte.

Weingenuss und Minnesang sind zentrale Elemente der beliebten **Raubrittermahle** im Rittersaal (Informationen unter Tel. 0 26 16/ 23 94 oder 23 21).

*Bernstein 108

Auf Bernstein (2500 Einw., 188 km) blickt eine herrliche ***Wohnburg,** die im 13. Jh. entstand und im 17. Jh. im Stil der Renaissance umgebaut wurde. Auch hier soll es spuken: Der auf mysteriöse Weise umgekommene Sohn Heinrichs II. von Güssing, ein rothaariger Riese, geistert als »Roter Iwan« oder »Schlosshansel« durch das Gemäuer. Berühmt ist mittlerweile auch der ehemalige Besitzer Ladislaus Almásy, Held im erfolgreich verfilmten Buch »Der englische Patient« von Michael Ondaatje.

Wenn Sie das Innere der Burg besichtigen wollen, müssen Sie einen Zimmerschlüssel besitzen, denn die Burg ist heute ein märchenhaftes Hotel: romantische Zimmer, Dinner bei Kerzenschein in einem wunderbaren Restaurant, kein störendes Telefon, kein TV. Frühzeitig buchen! **Hotel Bernstein,** Tel. (0 33 54) 63 82, Fax 65 20, www.burgbernstein.at. ○○

Bernstein ist der einzige Ort in Europa, wo Edelserpentin, ein jadeähnliches Mineral, vorkommt. Das **Felsenmuseum** informiert über Abbau und Verarbeitung des Minerals.

Die **Handwerksstätte** im Museum verkauft Erzeugnisse aus Edelserpentin.

Nach Güssing

Die Straße »Weinidylle Südburgenland« führt nach **Moschendorf** 109 (250 km), wo man sich im Weinmuseum von der Qualität der Südburgenländer Weine überzeugen und mancher Anekdote über Weinpressen, Krügerln und Mörser lauschen kann – jedes Exponat hat seine eigene Geschichte.

Heiligenbrunn 110 (255 km) besitzt eine der schönsten reetgedeckten *Kellergassen Österreichs. Hier ist eine spezielle Weinsorte, der Uhudler (s. S. 24), zu Hause (Auskunft über Kellerführungen beim Gemeindeamt, Tel. 0 33 24/72 81).

Die ***Burg von Güssing** 111 (12. Jh.) thront hoch oben auf einem steilen Vulkankegel über einer von Weinber-

9 Karte Seite 95

gen geprägten Landschaft. Die Habsburger schenkten sie 1524 dem Türkenbezwinger Graf Batthyány als Anerkennung für seine Dienste. Das Burgmuseum beschäftigt sich u. a. mit der gräflichen Familie ungarischer Abstammung. In der Burgkapelle steht eine Truhenorgel aus dem 17. Jh. Wunderbarer Blick von der Terrasse!

Gasthof Gibiser, Heiligenkreuz, Tel. (0 33 25) 4 21 60. In dem kleinen Gasthof 10 km südlich von Güssing zelebriert die Hausherrin die hohe Kunst der pannonischen Küche, auch Übernachtung möglich. ○○

Das **Restaurant Raffel** in Jennersdorf mit regionalen Spezialitäten eignet sich gut für eine Pause (Tel. 0 33 29/4 66 22, ○○).

Die **Riegersburg 112

Die Riegersburg (315 km) wurde ab dem 12. Jh. immer wieder aus- und umgebaut. Mit elf Basteien, sieben Toren, 3 km Mauern und 100 Räumen ist sie die größte Burganlage Mitteleuropas. Die Freifrau von Galler, eine energische, um nicht zu sagen streitsüchtige Frau, die mit 65 Jahren einen

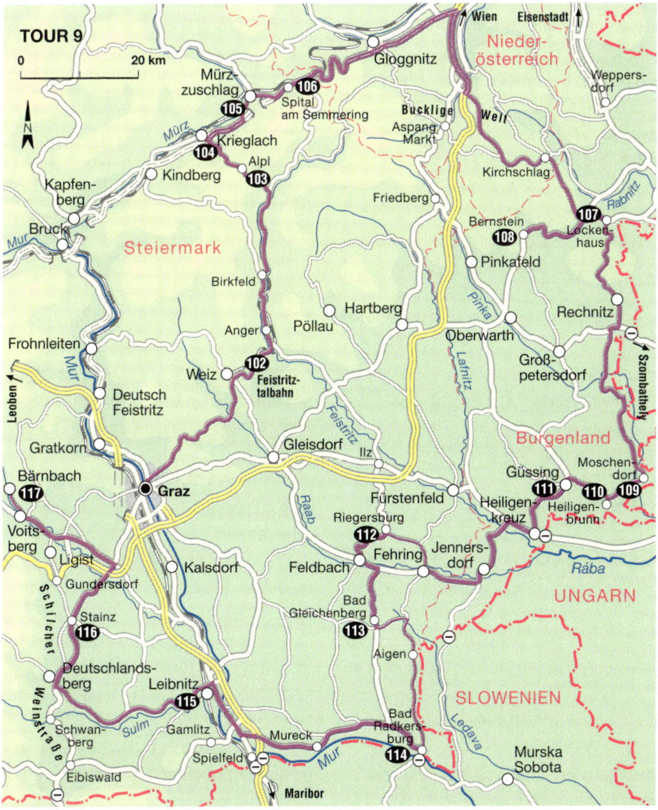

9
Karte
Seite
95

25-Jährigen heiratete, gab der Burg im 17. Jh. ihr Gepräge, z. B. ließ sie die Stuckarbeiten im Steinernen Saal anbringen. Das Hexenmuseum erinnert an die Zeit zwischen 1546 und 1746, als in der Steiermark 300 Menschen als Hexen hingerichtet wurden. Die Vogelwarte der Burg führt täglich Greifvogel-Flugschauen vor.

Die ausgezeichneten Weine können Sie entweder auf der Terrasse des Burgrestaurants mit schönem Blick ins Umland genießen oder in einem kleinen Laden am Fuß der Festung kaufen und mitnehmen.

Steirisches Thermenland, Grazer Str. 1, Fehring, Tel. (0 31 55) 42 04, Fax 42 04-5, www.thermenland.at.

Schloss Kapfenstein, Kapfenstein, Tel. (0 31 57) 3 00 30-0, Fax 3 00 30, www.schloss-kapfenstein.at. Slowenien, Ungarn und Kärnten im Blick; romantische Zimmer und ein hervorragender Küchenchef. ❍❍

Landgasthof Herbst, Gniebing 15, Feldbach, Tel. (0 31 52) 27 41, Fax 27 41-30, www.herbst.co.at. Freundliche Zimmer und eine feine steirische Küche. ❍❍

Thermen über Thermen

***Bad Gleichenberg** 113 (337 km) blickt auf eine 160-jährige Tradition als Thermalbad zurück. Villen und Hotels im Stil des späten Biedermeier und des Historismus prägen den Ort.

Buschenschank Neubauer, Rosenberg 28, Stainz bei Straden, Tel. (0 34 73) 83 23. Höchst uriger Heuriger mit prima Weinen. ❍

Aigen liegt an der *Klöcher Weinstraße. Was hier gekeltert wird, erfährt man in der Gesamtsteirischen Vinothek, die neben steirischen Weinen auch Brände und Kunsthandwerk verkauft.

Über Klöch erreicht man **Bad Radkersburg** 114 (1900 Einw., 368 km), ein für Denkmalpflege ausgezeichnetes Thermalbad mit hübscher Altstadt, das sich für genussvole Wellnesstage anbietet. Doch das friedliche Bild ist nicht ungetrübt. In Gornja Radgona auf der anderen Seite der Mur, kaum einen Kilometer entfernt, schlugen 1991 Bomben ein. 1995 wurden Raketenangriffe auf die 146 km entfernte Stadt Zagreb gemeldet, und die Angst flammte erneut auf. Während des Krieges im ehemaligen Jugoslawien flüchteten viele Menschen über die

Kleine Kostbarkeiten

Deutschlandsberg liegt an der Schilcher Weinstraße. Zwischen Eibiswald und Ligist erstreckt sich eine liebliche Gegend mit kleinen steilen Rebhängen, hübschen Dörfern, kurvigen Straßen und intimen Heurigen, in denen der herbe Schilcher (s. S. 24) ausgeschenkt wird. Vorsicht im Umgang mit Alkoholischem ist geboten, denn sonst geht es Ihnen, wie es Peter Rosegger beschrieb: »Auf der Straße taumelt uns manch angetrunkenes Bäuerlein entgegen, den Hut schief in der Stirne, ein optimistisch Lied lallend im Cultus des berüchtigten Schilchers.« Eine ebenfalls süchtig machende Spezialität aus dieser Region ist das Kürbiskernöl.

9 Karte Seite 95

In der Therme Bad Gleichenberg

Mur-Brücke, die heute beim slowenisch-steirischen Brückenfest im August die Hauptrolle spielt.

Zur Südsteirischen Weinstraße

Über den netten kleinen Ort Mureck mit einem Badesee geht es nach **Leibnitz** 115 (406 km). Auf Schloss Seggau, das 860 von den Erzbischöfen von Salzburg gegründet und Mitte des 17. Jhs. neu gestaltet wurde, sind Funde aus der römischen Siedlung Flavia Solva zu sehen.

Bevor man sich auf die Schilcher Weinstraße zwischen Eibiswald und Ligist einstimmt, ist es von Leibnitz aus nicht mehr weit in die Südsteiermark, wo einige von Österreichs besten Weißweinen gekeltert werden. Zentrum des Anbaugebietes ist der Ort **Gamlitz:** Ein Winzerbetrieb reiht sich hier an den nächsten – und besonders im Herbst bieten die Rebberge ein farbenfrohes Bild. Auch entlang der an der slowenischen Grenze verlaufenden **Südsteirischen Weinstraße** laden diverse Weinorte zu einer Rast mit Weinprobe ein.

Sattlerhof, Sernau 2 a, 8462 Gamlitz, Tel. 0 34 53/ 44 54. Hervorragende Küche,dazu die hervorragenden Weißweine von Willi Sattler. ○○

Die Hundertwasserkirche von Bärnbach

Weinpresse Anny Wolf, Zur Singenden Wirtin, Eibiswald, Tel. (0 34 66) 4 22 56. Ob man will oder nicht, die Wirtin singt jedem Gast ein Lied. Exzellente Forellen. Im Winter Di geschl. ○

Die *Schilcher Weinstraße

Die Marktgemeinde **Stainz** 116 (453 km) an der Schilcher Weinstraße wird von einem Schloss überragt, das Erzherzog Johann (s. S. 98) 1840 erwarb. Noch vor der Bauernbefreiung 1848 hatte der reformfreudige Habsburger seine Untertanen vom Zehnten erlöst, 1850 wurde er zum Bürgermeister von Stainz gewählt. Das Bauernmuseum im Schloss bewahrt Gerätschaften und Erinnerungsstücke.

Tourismusregionalverband Weststeiermark, Ettendorfer Str. 3, Tel. (0 34 63) 49 50, Fax 59 50, www.steiermark.com.

Gasthot Engelweingarten, Max-Geschiel-Str. 41, Stainz, Tel./Fax (0 34 63) 23 81, www.engelweingarten.at. Gepflegte Zimmer in einem familiär geführten Gasthof mitten im Weinberg. ○○

9 Karte Seite 95

Jagawirt, Sommereben 2, Greisdorf, Tel. (0 31 43) 81 05. Hier wird eine deftige steirische Küche geboten, auch Wild- und Fischgerichte. Mi geschl. ❍

Schilcher Buschenschank Trapl, St. Stephan ob Stainz, Tel. (0 34 63) 8 10 82. Für die, die keine Schilcher-Fans sind, gibt es auch weniger resche Varianten. ❍

Architektur und Reitkunst

In **Bärnbach** (117) (492 km) hat Friedensreich Hundertwasser die Kirche **St. Barbara umgestaltet: Krumme und bucklige Wege führen unter Torbögen durch, deren Ornamentik sechs Religionen symbolisiert – fröhliche Buntheit und Leichtigkeit im typischen Hundertwasserstil. Sehenswert ist auch das **Glaskunstzentrum Stölzle-Oberglas.** Auf einer Führung kann man die Arbeitsprozesse sehen und den Wandel des Designs verfolgen. Angeschlossen ist ein Werksverkauf.

Die Lipizzaner, berühmte Akteure in der Wiener Hofreitschule, kamen nach Piber (3 km westlich von Bärnbach), weil sie das kühlere Klima in Wien nicht vertrugen. Im ***Gestüt Piber** fühlen sich die edlen Pferde augenscheinlich wohl. Die wenigsten Pferde des Lipizzaner-Gestüts sind weiß! Denn die Fohlen kommen schwarz oder braun zur Welt, werden nach einigen Haarwechseln zwischen dem dritten und siebten Lebensjahr grau und erst mit 10 Jahren zum Schimmel.

Erzherzog Johann

Johann Baptist, 1782 als neuntes Kind Kaiser Leopolds II. geboren, war ein Mann mit fortschrittlichen Ideen und sehr beliebt beim steirischen Volk, mit dem ihn eine tiefe Seelenverwandtschaft verband: »Für solche Menschen wäre ich fähig, alles zu tun. Für unsere Stadtherren mit ihren wurmstichigen Herzen weniger oder gar nichts.«

In der Steiermark suchte der naturverbundene, freiheitsliebende Habsburger Ruhe vor den ständigen Intrigen des Wiener Hofes und Abstand vom restaurativen Kanzler Metternich, dessen Spitzel ihn auf Schritt und Tritt verfolgten, hier wurde er zum großen Industriereformer. Er regte Rationalisierungsmaßnahmen im Bergbau in Eisenerz an und gründete eine Bergbau-Lehranstalt, eine Vorgängerin der heutigen Montan-Universität in Leoben. Sachkenntnis, Überzeugungskraft und ein gewisses Sendungsbewusstsein verschafften ihm Gehör beim Volk und ließen ihn, das Multitalent, in vielen Bereichen – Weinbau, Landwirtschaft, Versicherungswesen – zum Baumeister der modernen Steiermark werden.

Der gebirgigen Region der Steiermark galt seine besondere Liebe, im Brandlhof bei Mariazell nordöstlich von Eisenerz verbrachte er viel Zeit, nicht nur wegen des herrlichen Panoramas, sondern auch wegen der Postmeisterstochter Anna Plochl, mit der ihn eine tiefe Liebe verband. Sanktioniert wurde beider Zusammenleben in wilder Ehe aber erst spät.

9 Karte Seite 95

Infos von A–Z

Ärztliche Versorgung

Wer in einer gesetzlichen Krankenkasse versichert ist, sollte sich vor Urlaubsantritt einen Auslandskrankenschein besorgen, der im Krankheitsfall bei der österreichischen Gebietskrankenkasse in einen Berechtigungsschein umzutauschen ist. In dem zum Auslandskrankenschein dazugehörigen Merkheft sind die Ärzte verzeichnet, die die Behandlung auf Berechtigungsschein akzeptieren. Eine preisgünstige Reisekrankenversicherung, abgeschlossen für die Dauer des Urlaubs, ermöglicht die freie Arzt- und Krankenhauswahl.

Den Ärztenotdienst erreicht man unter Tel. 141.

Bedienungs- und Trinkgelder

Auch wenn das Bedienungsgeld im Preis inbegriffen ist, sind bei gutem Service 5–10 % Trinkgeld für Kellner angemessen.

Auch bei Zimmermädchen, Taxifahrern, Friseuren, Rezeptionisten, Zeitungsverkäufern, Toilettenfrauen und Tankwarten ist das Trinkgeld Teil des Einkommens.

Behinderte

Über behindertenfreundliche Angebote informiert die Österreich-Werbung (s. S. 100). Die Österreichische Bundesbahn gibt eine eigene Broschüre heraus (s. S. 27).

Diplomatische Vertretungen

- **Botschaft der Bundesrepublik Deutschland,** Metternichgasse 3, 1030 Wien, Tel. (01) 7 11 54-0, Fax 7 13 83 66.
- **Schweizer Botschaft,** Prinz Eugen Str. 7, 1030 Wien, Tel. (01) 7 95 05, Fax 7 95 05-21.

Einkaufen

In stark von Touristen frequentierten Regionen sind es oftmals nur kitschige Souvenirs wie Plüschbären mit Tirolerhut, die die Auslagen zieren. Wer echtes Kunsthandwerk (bemaltes Glas, Keramik, Korbflechtarbeiten, Schnitzereien etc.) sucht, wird eher in Kunstgewerbeläden in Städten und kleineren Orten fündig. Schicke Trachtenkleidung gibt es im Fachhandel meist in großer Auswahl, auch die verschiedenen Sportgeschäfte führen ein gutes Sortiment.

Interessant ist der Verkauf ab Fabrik, weil hier nicht nur der Preis günstiger ist, sondern auch Ware zweiter Wahl zu reduzierten Preisen abgegeben wird. Einige Adressen sind in diesem Reiseführer angegeben, man sollte sich aber auch in der Touristeninformation seines Urlaubsortes danach erkundigen.

Kulinarische Spezialitäten sind Obstbrände und Weine, die man am besten direkt beim Winzer oder in einer Gebietsvinothek kauft. Speck und regionale Wurst- und Käsespezialitäten sollte man in Fachgeschäften erwerben. In den Touristenorten besteht oftmals die Möglichkeit, diese Produkte einschweißen zu lassen. Auch ein Fläschchen Kürbiskernöl, gekauft in der Steiermark, ist eine wohlschmeckende Erinnerung an diesen Teil Österreichs.

Einreise

Deutsche und Schweizer Staatsbürger benötigen für Aufenthalte bis zu drei Monaten nur einen Personalausweis, Kinder müssen im Pass der Eltern eingetragen sein oder einen Kinderausweis besitzen. An der deutsch-österreichischen Grenze gibt es zwar normalerweise keine Kontrollen mehr, trotzdem sollten EU-Bürger immer einen Ausweis mitführen.

Feiertage

1. 1. (Neujahr); 6. 1. (Dreikönigstag); Ostermontag; 1.5. (Tag der Arbeit); Christi Himmelfahrt; Pfingstmontag; Fronleichnam; 15. 8. (Mariä Himmelfahrt); 26. 10. (Nationalfeiertag); 1.11. (Allerheiligen); 8. 12. (Mariä Empfängnis); 25./26. 12. (Weihnachten).

Geld

Euronoten und Fremdwährung dürfgen in unbeschränkter Höhe ein- und ausgeführt werden. 1 € =ca. 1,56 CHF.

An zahlreichen Bankomaten kann man mit ec- und Kreditkarte Geld abheben. Kreditkarten werden in Hotels und Restaurants akzeptiert, im Beisl hingegen lacht noch immer Bargeld.

Haustiere

Hunde und Katzen brauchen einen Nachweis über eine Tollwutimpfung, die mindestens 30 Tage alt sein muss und höchstens ein Jahr alt sein darf. In öffentlichen Verkehrsmitteln dürfen Hunde nur mit Leine und Beißkorb transportiert werden. Auch bei Wanderungen in Alm- und Waldgebieten muss der Hund angeleint sein.

Impfungen

Für Reisen in den Osten und Südosten Österreichs (Steiermark, Burgenland, Teile Niederösterreichs) wird eine Zeckenschutzimpfung empfohlen. Der Biss der kleinen Blutsauger kann FSME (Frühsommermeningitis, Hirnhautentzündung) und Borreliose verursachen, die Impfung bietet weitgehenden Schutz gegen FSME. In Wald und Gebüsch sind feste Schuhe, lange Hosen, langärmelige Hemden sowie eine Kopfbedeckung anzuraten.

Bei fehlendem Impfschutz empfiehlt es sich dringend, im Fall eines Zeckenbisses sofort einen Arzt aufzusuchen.

Information

Schon vor Reiseantritt kann man sich bei der **Österreich Werbung** telefonisch informieren bzw. Prospekte, Broschüren und Hotelverzeichnisse bestellen. Die Auswahl an Informationsmaterial ist groß, deshalb sollte man schon recht genaue Vorstellungen über die Reiseziele und Urlaubsaktivitäten haben. Viele Infos gibt es auch auf der Website: www.austriatourism.at.

- **In Deutschland:**
Tel. 0 18 02 10 18 18 (Mo–Fr 9–17.30 Uhr), Fax 0 18 02 10 18 19,
E-Mail: urlaub@austria.info
- **In der Schweiz:**
Tel. 08 42 10 18 18,
Fax 08 42 10 18 19,
E-Mail: ferien@austria.info
- **In Österreich:**
austria.info, Urlaubsservice,
Postfach 83, 1043 Wien,
Tel. 08 10 10 18 18, Fax 08 10 10 18 19,
E-Mail: urlaub@austria.info,
www.austria.info

Fast jede Gemeinde hat eine eigene Touristeninformation. Man kann sich auch an das Gemeindeamt wenden.

Notruf

- **Polizei:** Tel. 1 33
- **Feuerwehr:** Tel. 1 22
- **Ambulanz, Notarzt** (»Rettung«): Tel. 1 44
- **Pannendienst:** ARBÖ Tel. 1 23, ÖAMTC Tel. 1 20

Öffnungszeiten

- **Lebensmittelläden:** 7.30 oder 8 bis 18 oder 18.30 Uhr.
- **Geschäfte:** Mo–Fr 9–18, Sa bis 13 Uhr (erster Sa im Monat bis 18 Uhr, in Fremdenverkehrsorten wochentags bis 20 oder 21 Uhr, Sa bis 18 Uhr).
- **Banken:** Mo–Fr 8–12, 13.30–15 Uhr.

Postämter: Mo–Fr 8–12, 14–18 Uhr (Kassenschluss um 17 Uhr), in größeren Städten zusätzlich Sa 8–10 Uhr.
Museen: Viele sind am Montag geschlossen, einige der kleineren Museen sind von November bis Ostern geschlossen; im Hochsommer gelten generell längere Öffnungszeiten. Es empfiehlt sich, vor einem Besuch bei der Touristeninformation des Ortes anzurufen.

Postgebühren

Briefmarken erhält man in den Postämtern oder Tabaktrafiken, wie in Österreich die Tabakläden heißen. Postkarten und Briefe sind innerhalb der EU mit 55 Cent zu frankieren.

Telefon

Öffentliche Telefone funktionieren mit Münzen oder Telefonkarte, die man bei jedem Postamt erwerben kann (zu 5 und 10 Euro). Längere Ferngespräche sollte man nicht vom Hotel aus führen, weil die Gebühren dort ungleich höher sind. Von 18–8 Uhr und am Wochenende sind Inlandsgespräche günstiger.

Vorwahlen: von Österrreich nach Deutschland 00 49, in die Schweiz 00 41; nach Österreich 00 43, danach jeweils Ortsvorwahl ohne 0 und Teilnehmernummer. Fernsprechauskunft für Österreich und EU: 11 88 77, weltweit: 0900 11 88 77.

Handy: Über die österreichischen Mobilfunknetze sind Sie auch in der Alpenrepublik unter Ihrer D1- oder D2-Nummer erreichbar. Für Auslandsgespräche müssen Sie die internationale Zugangsnummer wählen (»+«-Zeichen), dann die Landesvorwahl und die Ortsvorwahl ohne 0.

Wetter

Straßenzustand Tel. (01) 15 84;
Pollenwarndienst Tel. (01) 15 29.
Schneeberichte: Wien, Niederösterreich, Steiermark Tel. (01) 15 83; Salzburg, Oberösterreich, Kärnten Tel. (01) 15 84; Tirol, Vorarlberg Tel. (01) 15 85.
Aktueller Wetterbericht für den Alpenraum vom Deutschen Wetterdienst: Tel. (01 90) 11 60 18.

Zeitungen

Täglich und überregional erscheinen die Kronenzeitung und der Kurier. Bei beiden handelt es sich um Boulevardblätter, die ihre Seiten aber nicht nur mit Sensationsberichten, sondern auch mit z. T. informativen, locker aufbereiteten Artikeln füllen. Liberal ist die ebenfalls täglich herausgegebene Presse. Kleinere Regionalzeitungen, Partei-, Kirchen- und Bauernzeitungen sind für den Touristen unter Umständen von Interesse, weil sie ein Schlaglicht auf die ganz eigene Medienwelt der Österreicher werfen.

Bei größeren Trafiken und Kiosken ist immer auch eine Auswahl deutscher Zeitungen vom gleichen Tag und Magazine erhältlich, so dass man nicht auf die gewohnte Lektüre verzichten muss.

Zoll

Für Deutsche gibt es seit dem Beitritt Österreichs zur EU keinerlei Beschränkungen mehr. Bei größeren Mengen (ab 90 l Wein, 10 l Spirituosen, 800 Zigaretten) muss man bei der Ein- bzw. Ausreise allerdings glaubhaft machen können, dass die Waren dem Eigenbedarf dienen.

Schweizer über 17 Jahre dürfen 200 Zigaretten, 2 l Alkohol unter 15 Vol.-%, 1 l über 15 Vol.-% sowie Geschenke bis zum Wert von 180 € einführen. Bei der Wiedereinreise in die Schweiz gelten o. g. Mengen für Tabak, außerdem 2 l alkoholische Getränke unter 15 Vol.-% und Geschenke im Gesamtwert von 300 CHF.

Langenscheidt Mini-Dolmetscher Österreichisch

Das Österreichische hat viel mit dem Bairischen gemeinsam. Nur die Vorarlberger stehen sprachlich dem Schwäbischen näher. Der ständige Kontakt Altösterreichs mit den vielen Völkern der Habsburgermonarchie, aber auch mit den Nachbarn ließ zusätzlich vielerlei sprachliche Elemente ins Österreichische einfließen. So ist diese Sprache bis heute voller Eigenheiten, die dem (Nord-)Deutschen weitgehend fremd sind.

A

aba, ober [owa]	herunter
abistessen [obischdessn]	hinabstoßen, in einem Zug austrinken
Adabei	Wichtigtuer („Auchdabei")
allweil, allerweil [allaweil]	immer, stets
alsdann [oisdann]	also dann (Einleitung oder Aufforderung)
anbandeln [anbandln]	ein Liebesverhältnis einzuleiten versuchen
anessen [anessn]	sich satt essen
antun, sich etwas	sich (grundlos) über etwas aufregen
auffi	hinauf
ausgsteckt is	Anzeige durch einen Föhrenzweig, dass ein Heuriger geöffnet hat

B

Backhendl	Backhähnchen, frittiert
benzen [benzn]	betteln, bitten, tadeln
bissel, bisserl	ein wenig, bisschen
blad [blaad]	dick
brocken	pflücken
brodeln [brodln]	trödeln, langsam sein
büseln [büsln]	schlafen
Bussel, Busserl	Kuss, Küsschen

D

dalkert [doikad]	dumm, kindisch, ungeschickt
damisch	dumm
Deka	10 Gramm
Doppler	2 Liter (-Flasche)
Dulliöh [dulliäh]	Rausch, Ausgelassenheit

E

eh	ohnehin
einschichtig	einsam, abgelegen, einzeln
Erdäpfel	Kartoffeln

F

fad	langweilig, ängstlich
fadisieren	sich langweilen
Falott	Gauner
fensterln	nachts bei einem Mädchen (durchs Fenster) einsteigen
fesch	hübsch, flott, gut angezogen
Fetzen [Fetzn]	Lumpen, Staubtuch, Kleidungsstück, Rausch
Fierant	(Markt-) Händler
fretten [frettn]	sich abarbeiten, sehr bemühen
Frittate	Pfannkuchen, geschnitten

G

Gatsch [gaadsch]	Matsch, Brei
geldig [gödig]	reich
Gelse [Göissn]	Stechmücke
gelt? [göi]	nicht wahr?
gespritzt [gschbritzt]	verdünnt (mit Soda- oder Mineralwasser)
Gfrett, Gefrett	Plage, Mühe, Ärger
Glump, Glumpert	wertloses Zeug
gmahte Wiesen	sicherer Erfolg
Goscherl	Mund
grantig	übel gelaunt
grauslich	ekelhaft, hässlich
gschert, geschert	dumm, grob, ungebildet

H

Haberer [hawara]	Freund, Kumpan, Liebhaber
hatschen [hadschn]	schlendern, hinken, schleppend gehen

Hauer	Winzer
heurig	diesjährig

J

Jänner	Januar
Jause	Zwischenmahlzeit
jö!	oh! (Ausruf des Erstaunens)

K

keppeln [keppln]	schimpfen, keifen
klauben [klaubn]	pflücken, aufsammeln
kletzen [klezzn]	zupfen, kratzen
knotzen [knozzn]	herumlümmeln
kommod	bequem, angenehm
kraxeln [kraxln]	klettern
Krügel [Krügl]	Halbliterglas (Bier)
Kukuruz	Mais
kusch!	halt den Mund!

L

Lackerl [lackal]	Pfütze, kleine Menge Flüssigkeit
Lapp	einfältiger Mensch
leiwand [leiwaund]	ausgezeichnet, toll

M

marod	krank, geschwächt
Matura	Abitur
muffeln	schlecht riechen, schimmelig riechen

N

niederlegen	sich ins Bett legen
notig	arm, in Not

O

Obers	Schlagsahne (süss)

P

paschen [boschn]	klatschen
patschert [bodschad]	unbeholfen
pflanzen [pflanzn]	foppen, ärgern
Pfusch	Schwarzarbeit, schlechte Arbeit
picken [bickn]	kleben
Piefke	Deutscher (abwertend)
plauschen	plaudern, verraten, lügen
pomali	langsam
Powidl	Pflaumenmus
pracken [brakkn]	klopfen, schlagen
präpotent	überheblich, aufdringlich
pressieren [bressian]	eilig sein
Putzerei	Reinigung

R

rass	scharf, beissend, feurig
Rauchfangkehrer	Schornsteinfeger
raunzen [raunzn]	nörgeln, jammern
resch	knusprig

S

Sackerl [sackal]	Papier- oder Plastiktüte
schiech [schiach]	hässlich
Schmäh	Scherz, Witz, Versuch auf den Arm zu nehmen
sekkant	zudringlich, lästig
sekkieren [sekkian]	aufdringlich sein
Servus!	Begrüßungs- oder Abschiedsgruß unter Bekannten (wörtlich: Diener)
spannen	merken, ahnen
stad [schdaad]	ruhig, still
Stamperl [schdampal]	kleines Schnapsgläschen
Stoppel [schdoppl]	Stöpsel, Korken
strawanzen [schdrawanzn]	sich herumtreiben

T

Trafik [trafík	Tabakladen
tramhapert [draamhapat]	geistesabwesend, unausgeschlafen
tummeln	sich beeilen

W

wuzeln [wuzln]	wickeln, drehen, sich durchdrängen

Z

Zipp	Reißverschluss
zizerlweis	in kleinen Schritten, nach und nach
zufleiß [zfleiß]	absichtlich

Orts- und Sachregister

Personenregister

Bildnachweis

APA Publications/A. Elston: 23, 25, 37-1, 37-2, 55-2, 58, 63-2, 71-2; APA Publications/J. Spall: 47-1; Archiv für Kunst und Geschichte: 20; C. Eder: 11; N. Förg: 49-2, 67-1, 67-2, 70-2, 93-1; W. Geiersperger/Bildarchiv Steffens: 53; Graz Tourismus: 9; V. Haak: 43, 57, 65, 79, 82; R. Hackenberg: 93-2; H. Hartmann: 19, 47-2, 78, 84-1, 97-2; V. Janicke: 2, 33, 45, 54, 55-1, 76, 108; laif/L. Caputo 21; laif/P. Hahn: 29; laif/G. Huber: 5; laif/C. Piepenburg: 10; laif/Zanettini: 39; L. Luppi: 42; Österreich-Werbung: 73-1, 73-2, Umschlag-Rückseite unten; Österreich-Werbung/W. Mayer: 63-1; M. Radkai: 13, 14-1, 14-2, 26, 49-1, 71-1, 87-1, 87-2, 94, 97-1, Umschlag-Rückseite oben; W. Storto: 45-2, 69, 70-1, 75, 84-2; Vitalwelt Hausruck: 8; E. Wrba: 7. Titelbild: IFA-Bilderteam/Harris

Das System der POLYGLOTT-Sterne

Auf Ihrer Tour weisen Ihnen die Polyglott-Sterne den Weg zu den bedeutendsten Sehenswürdigkeiten aus Natur und Kultur.
Für die Vergabe orientieren sich Autoren und Redaktion am UNESCO Welterbe.

***** eine Reise wert** **** einen Umweg wert** *** sehr sehenswert**

Die Autoren

Nicola Förg

studierte Germanistik und Geographie und lebt als freie Journalistin und Autorin in München. Unter anderem hat sie eine ganze Reihe von Reiseführern geschrieben. Österreich bereist sie seit vielen Jahren regelmäßig und kennt auch die weniger ausgetretenen Pfade.

Christian Eder

Der gebürtige Österreicher lebt als Journalist in Saalfelden. Neben seiner Tätigkeit als Chefredakteur des »Tirol Magazins« und des »Salzburg Magazins« schreibt er Beiträge für Zeitungen und Zeitschriften. Über seine Heimat veröffentlichte er bereits mehrere Reiseführer.

Urlaubskasse

Tasse Kaffee	2,30 €
Softdrink	2 €
Glas Bier	2,80 €
1 Paar Frankfurter mit Brot	2,50 €
Kugel Eis	1,50 €
Taxifahrt (pro Km)	0,80 €
Mietwagen/Tag	45 €
1 l Superbenzin	ca. 1,20 €

Polyglott im Internet: www.polyglott.de,
im Travel Channel unter www.travelchannel.de

Alle Informationen stammen aus zuverlässigen Quellen und wurden sorgfältig geprüft. Für ihre Vollständigkeit und Richtigkeit können wir jedoch keine Haftung übernehmen.

Ergänzende Anregungen bitten wir zu richten an:
Polyglott Verlag, Redaktion, Postfach 40 11 20, 80711 München.
E-Mail: redaktion@polyglott.de

Impressum

Herausgeber: Polyglott-Redaktion
Autoren: Nicola Förg, Christian Eder (Special)
Layout: Ute Weber, Geretsried
Satz Special: Carmen Marchwinski
Karten und Pläne: Annette Buchhaupt
Satz: Schulz Bild + Text, Dagebüll

Erste Auflage 2005/2006

Printed in Germany
ISBN 3-493-56702-2
Dieses Buch wurde auf chlorfrei gebleichtem Papier gedruckt.

Infos zu Städten und Touren

***Wien

Highlights: ***Stephansdom, ***Hofburg, **Albertina, ***Kunsthistorisches Museum, *Naschmarkt, **Karlskirche, **Schloss Belvedere, *Prater, **Museum für angewandte Kunst, Hundertwasserhaus, ***Schloss Schönbrunn.

***Salzburg

Highlights: **Hohensalzburg, Dom und Residenz, *Rupertinum, Getreidegasse, *Schloss Hellbrunn.

**Graz

Highlights: **Landhaus, *Landeszeughaus, *Leechkirche, *Landesmuseum Joanneum, Insel in der Mur, Kunsthaus, Ausflüge zum *Schloss Eggenberg und ins Murtal mit dem **Österreichischen Freilichtmuseum.

Tour 1

Salzburg → *Mondsee → *Gmunden → *Bad Ischl → Bad Aussee → **Hallstatt → *Wolfgangsee → Salzburg (226 km)

Dauer: 3–4 Tage

Highlights: K.-u.-k.-Atmosphäre in *Bad Ischl, Bad Aussee und der **Altausseer See, **Dachsteinhöhlen in **Hallstatt, Ferien am *Wolfgangsee.

Tour 2

Salzburg → **Eisriesenwelt → *Lungau → Gasteiner Tal → *Dienten → Kitzbühel (150 km)

Dauer: 4–5 Tage

Highlights: Altstadt und **Salzbergwerk in Hallein, **Eisriesenwelt in Werfen, Thermalbaden im Gasteiner Tal, Wintersport in **Kitzbühel.

Tour 3

Lofer → Zell am See → **Großglockner-Hochalpenstraße → Lienz → **Krimmler Wasserfälle → Gerlospass (325 km)

Dauer: 3–7 Tage

Highlights: **Großglockner-Hochalpenstraße, *Heiligenblut, bezauberndes *Defereggental, romanische Fresken in **St. Nikolaus, Großvenediger, **Krimmler Wasserfälle.